Taressa Tamrat Dina

A situação dos centros de formação de competências não formais

Taressa Tamrat Dina

A situação dos centros de formação de competências não formais

O caso de Gambella

Imprint

Any brand names and product names mentioned in this book are subject to trademark, brand or patent protection and are trademarks or registered trademarks of their respective holders. The use of brand names, product names, common names, trade names, product descriptions etc. even without a particular marking in this work is in no way to be construed to mean that such names may be regarded as unrestricted in respect of trademark and brand protection legislation and could thus be used by anyone.

Cover image: www.ingimage.com

This book is a translation from the original published under ISBN 978-620-2-05518-5.

Publisher:
Sciencia Scripts
is a trademark of
Dodo Books Indian Ocean Ltd. and OmniScriptum S.R.L publishing group

120 High Road, East Finchley, London, N2 9ED, United Kingdom
Str. Armeneasca 28/1, office 1, Chisinau MD-2012, Republic of Moldova, Europe
Printed at: see last page
ISBN: 978-620-7-76245-3

ÍNDICE DE CONTEÚDOS:

A SITUAÇÃO DOS CENTROS DE FORMAÇÃO DE COMPETÊNCIAS NÃO FORMAIS - O CASO DO ESTADO REGIONAL DE GAMBELLA

Tamrat Dina Teresa[1] Akalewold Eshete[2]

[1]Department of Management Faculty of Business and Economics, Gambella University, Gambella, Ethiopia.

Departamento de Aprendizagem de Adultos e ao Longo da Vida, Faculdade de Educação e Ciências do Comportamento Universidade de Adis Abeba, Adis Abeba, Etiópia

RESUMO

A educação não formal é um processo contínuo e não uma ocasião única. O estudo foi efectuado em três *Centros Comunitários de Formação Cívica (CSTCs) de* **Woreda,** *no Estado Regional Nacional de Gambella* *(GNRS). Um número total de 84 indivíduos, incluindo 39 licenciados dos CSTCs. 1 chefe do gabinete regional de educação, 6 coordenadores dos CSTC, 5 antigos peritos em formação de competências foram seleccionados como amostra através de técnicas de amostragem aleatória simples, amostragem disponível e amostragem intencional. Os dados foram analisados e interpretados utilizando técnicas quantitativas e qualitativas. Foram utilizadas percentagens para analisar os dados quantitativos, que foram transcritos e analisados através de palavras e afirmações. O gabinete de educação da GNRS, em geral, e o gabinete de educação de Woreda selecionado e os CSTCs, em particular, esforçaram-se por desempenhar um papel significativo na prestação de formação não formal em competências de subsistência. Os programas de formação não formal de competências de subsistência ministrados nos CSTC estavam mal organizados, geridos, estruturados, dotados de pessoal, equipados e facilitados em termos de recursos humanos e não humanos. Devido à fraca atenção dada pelos organismos competentes e às práticas de gestão dos programas de formação dos CSTC e às suas capacidades institucionais inadequadas, as contribuições efectivas dos centros de formação para a comunidade local são muito reduzidas. Por conseguinte, recomenda-se que os decisores, os responsáveis pelo planeamento e outras autoridades governamentais competentes a todos os níveis, bem como as diferentes partes interessadas, reconheçam o papel dos programas de formação em matéria de ensino e formação profissional não formal ministrados nos CSTC como uma forma eficaz de aumentar as oportunidades de autoemprego e de criação de emprego, de melhorar os meios de subsistência das comunidades locais e de erradicar a pobreza. Os representantes do governo em causa, como o gabinete de educação de Woreda, devem dar grande ênfase à reabilitação dos centros de formação dos programas de TFN, reforçando os seus sistemas de organização e gestão.*

Palavras-chave: Meios de subsistência, Comunidade, Educação não formal, Formação não formal de competências.

CAPÍTULO 1

1. INTRODUÇÃO

Estudos descreveram que mesmo antes da institucionalização da educação de adultos como uma das agências de serviços estatais em 1940, a educação não formal já existia. Knowles, M.S. (1980) afirmou que a educação não formal será concreta no seu conteúdo, centrando-se em permitir que os alunos desenvolvam atitudes e capacidades de resolução de problemas. Paralelamente ao ensino geral, a oferta de cursos técnicos e

a formação profissional para os que abandonam a escola em qualquer nível de ensino, a formação em agricultura, artesanato, construção, contabilidade de base sob a forma de aprendizagem para os que têm a idade adequada e abandonam a escola primária é crucial para criar uma vida melhor para o país em geral e para os indivíduos em particular (TGE, 1994).

A este respeito, acredita-se que a compreensão do estado das provisões de alfabetização básica baseada em necessidades e orientada para objectivos e os programas de TFN para jovens e adultos têm um papel importante na redução da pobreza (OIT, 2008). Assim, o papel dos programas de formação de competências não formais / TFN/ é vital na área das actividades de redução da pobreza de uma nação, especialmente para o desenvolvimento rural, se forem devidamente geridos e implementados (MOE 1972). Consciente deste facto, a FDRE-Ministério da Educação tem prestado a devida atenção e feito imensos investimentos no programa TVET em todo o país.

A oferta de programas de formação profissional contínua relevantes, tais como competências básicas, profissionais, técnicas e empresariais, é geralmente considerada como um dos factores cruciais para o êxito das micro e pequenas empresas (MPE). Além disso, a alfabetização básica e a consciência empresarial são vistas como requisitos importantes para permitir que as pessoas avancem de actividades de nível inferior para grandes e melhores empresas (MOE, 1972). Para este fim, os programas de NFST fornecidos em centros comunitários de formação de competências/CSTCs/ têm um grande papel no desenvolvimento da comunidade rural/local para aliviar a pobreza profundamente enraizada e para melhorar os cuidados de saúde e a produtividade agrícola. Para implementar isto, todos os estados regionais devem ter programas e instituições de educação e formação reforçados e bem organizados, incluindo centros de formação não formal como os Centros Comunitários de Formação de Competências.

Apesar dos elevados problemas de pobreza da população regional e das condições ambientais favoráveis existentes, a situação atual da oferta de centros de formação de competências não formais na região é quase nula. Por isso, o objetivo deste estudo foi avaliar a situação dos centros comunitários de formação de competências em três woredas seleccionados do estado regional de Gambella.

1.1. CONCEITOS DE PROGRAMAS DE FORMAÇÃO DE COMPETÊNCIAS NÃO FORMAIS (FFSTP)

1.1.1 PROGRAMAS NÃO FORMAIS DE FORMAÇÃO DE COMPETÊNCIAS: SIGNIFICADO E OBJECTIVO

A formação em competências é uma das principais formas de melhorar os meios de subsistência das pessoas desfavorecidas. A Educação Não Formal materializou-se na sequência da crise educativa mundial assinalada por Philip Coombs em 1968.

O termo "educação não formal" tornou-se corrente desde o início da década de 1970. Desde então, acumulou um manto relativamente espesso de bibliografias gerais, estudos de casos e leitores, bem como uma série de escritos mais específicos sobre formas alternativas de ensino, sobre o desenvolvimento de materiais adequados e a conceção de programas de formação, sobre planeamento e coordenação, e sobre implicações políticas, económicas e socioculturais (Colletta e Red Clift, 1980 in Tuijnman, 1996).

Fordham (1980) acrescentou ainda que, antes dos anos 70, não seria possível publicar um livro ou mesmo uma conferência sobre Educação Não Formal (ENF), porque o termo ainda não tinha sido inventado. O autor explicou ainda que não havia qualquer menção à ENF numa importante conferência internacional sobre educação, emprego e desenvolvimento rural realizada em Kericho, no Quénia, em 1966.

A educação não formal não é um conceito inteiramente novo. Existe numa grande variedade de formas. Tal como citado por Colletta e Radcliff (1980) em Tuijnman (1996), a ENF existe como educação fora da escola, sistema escolar paralelo, redes de aprendizagem complexas e educação não convencional completa, redes de liderança e educação não convencional. A ENF surgiu como resultado da constatação de que a escolaridade obrigatória universal, com os seus custos elevados e a sua tecnologia de trabalho intensivo para satisfazer a adequação da aprendizagem diversificada, é rigidamente organizada em períodos de tempo limitados, espaço circunscrito, o dogmatismo de matérias entrincheiradas, a qualidade estruturada inerente aos padrões de mobilidade social que negligenciam as necessidades dos pobres, dos analfabetos e dos desempregados e a alienação e o desperdício da juventude reflectidos nas elevadas taxas de abandono escolar (Colletta e Rad Cliff, 1980 in Tuijnman, 1996).

Embora o programa NFE não seja um conceito inteiramente novo, os programas variam na sua origem histórica, abordagens e conteúdo de país para país. Se considerarmos a Etiópia, por exemplo, a ENF surgiu desde a introdução da educação moderna em 1908. Segundo Fikre et al in Alemu (2008), a ENF na Etiópia tem um século de história e cultura. Por exemplo, foram criadas escolas móveis especiais para proporcionar alfabetização básica às tribos nómadas durante o regime do imperador (MOE, 2000).

O evento da procura de modos alternativos de ensino foi diretamente equacionado com as necessidades e a satisfação que proporciona à sociedade. As razões pelas quais as formas actuais de abordagens alternativas resultaram são as disfunções da educação formal, o desejo das comunidades e grupos de decidir o que e como as suas crianças devem aprender, e o desenvolvimento a nível regional e global de reformas educativas (Thomson, 2001; Befekadu, 2006).

Foi adoptada uma visão funcional da ENF para melhorar a qualidade do desempenho das pessoas através da melhoria da produtividade agrícola. A relevância da educação não formal para as realidades contextuais e a sua aceitabilidade cultural atraíram aqueles que perderam oportunidades de educação formal, especialmente numa altura em que a educação formal tinha sido alvo de críticas sustentadas por diferentes educadores (Thomson, 2001). A outra razão para o aparecimento da ENF em relação à necessidade de procurar uma abordagem alternativa e ao direito das comunidades é a aspiração das comunidades a decidir porquê, o quê e como as crianças devem aprender. As comunidades seculares e religiosas iniciaram acções sobre abordagens alternativas de aprendizagem devido ao seu desejo de participar na determinação do que e como as suas crianças devem aprender (Ale mu, 2008).

Tal como Gould (1993) em Alemu (2008), o desenvolvimento a nível regional e global para as reformas educativas é também uma das ideias básicas que lança as bases para o aparecimento da educação não formal.

A educação não formal é assumida e considerada por muitos autores como qualquer atividade educativa fora do sistema de educação formal. Vários educadores consideram também a educação não formal como uma alternativa à educação formal que poderia ajudar a fornecer educação básica aos analfabetos.

Paul Fordham (1993) definiu a educação não formal como "... qualquer atividade fora da estrutura do sistema de educação formal que visa conscientemente satisfazer as necessidades específicas de aprendizagem de determinados subgrupos da comunidade, sejam eles crianças, jovens ou adultos... ",

Coombs e Ahmed (1985) também deram uma definição semelhante à educação não formal, como uma atividade educativa organizada e sistemática realizada fora do quadro do sistema formal, para fornecer tipos seleccionados de aprendizagem a subgrupos específicos da população, tanto adultos como crianças. Tal como Coombs & Ahmed (1974:8) descreveram o conceito de ENF como "qualquer atividade educativa organizada e sistemática realizada fora do quadro do sistema formal, destinada a proporcionar tipos seleccionados de aprendizagem a subgrupos específicos da população (podem ser adultos, jovens ou crianças). Do mesmo modo, Duke (1995) afirmou que a ENF é um evento de aprendizagem intencionalmente organizado que se destina essencialmente a pessoas que não estão atualmente envolvidas no sistema de ensino formal

A partir das definições acima referidas, torna-se claro que os educadores definem a educação não formal a partir das suas percepções e contextos. Assim, o programa NFST é uma forma de educação não formal que não tem uma interpretação específica. No entanto, é comummente aceite que se trata de um programa de formação que se refere aos esforços para melhorar a oferta e a implementação de programas de desenvolvimento que têm várias componentes de formação de competências básicas e essenciais que ocorrem fora do sistema de formação formal que caracteriza formas rígidas de escolaridade tradicional.

No sentido mais lato, o termo formação refere-se à transferência de conhecimentos, competências ou atitudes com o objetivo de capacitar as pessoas para tarefas produtivas ou alterar os seus estilos de trabalho habituais (Zaudneh, 1994). Da mesma forma, Byars & Rue (1987) descreveram a formação como "um processo de aprendizagem para a aquisição de competências, conceitos ou atitudes para melhorar o desempenho dos indivíduos, de modo que envolve um processo sistemático de alteração do comportamento, conhecimento e motivação dos envolvidos na realização de objectivos". Por outro lado, a formação, na sua forma mais pura, é o processo de ensinar ou adquirir competências e capacidades específicas, tornando-se proficiente, qualificado ou apto a desempenhar determinadas tarefas (McCollum, 1962). Em relação a isto, o Banco Mundial (1988) também afirmou que a formação significa uma instrução de competências relacionadas com o trabalho para preparar os formandos para a entrada direta numa profissão ou ocupação que pode ser um emprego por conta própria/salário.

A partir dos conceitos de formação acima referidos, apresentados por diferentes académicos, compreende-se que a ideia geral de formação em todos os aspectos é mais ou menos semelhante, centrando-se em permitir que os indivíduos realizem determinadas tarefas de forma adequada.

A formação de competências não se limita ao que acontece em instituições bem conhecidas que preparam as pessoas para algumas profissões que correspondem ao "padrão". A preocupação de qualquer programa de formação de competências para um país deve centrar-se nos formandos e na comunidade que trabalha ao longo da sua vida. O seu programa pode ter lugar num centro de formação de tipo formal ou não formal através de estágios, no local de trabalho, ou numa base institucional (Zaudneh, 1994).

A formação em TSF de base institucional pode abranger competências profissionais, técnicas, de gestão, empresariais, sociais e outras competências relevantes. A este respeito, as decisões de oferecer este tipo de formação e de melhorar o seu desempenho seguem frequentemente uma análise de indicadores como a produtividade, os custos e as necessidades dos indivíduos, bem como a procura de qualidade por parte da sociedade (Fluitman, 1989). Assim, antes de realizar qualquer programa de formação de competências, os objectivos do programa devem ser documentados, uma vez que a formação de competências é ministrada por uma variedade de razões.

O principal objetivo da formação de competências é desenvolver conhecimentos, aptidões e atitudes que contribuam para o desenvolvimento da organização e dos trabalhadores por conta de outrem e/ou por conta própria. A formação de competências é utilizada principalmente para resolver o problema da escassez de mão de obra em termos de quantidade e qualidade, preparar para o emprego ou para o autoemprego e aumentar a produtividade de baixo nível e as capacidades de geração de rendimentos. Do mesmo modo, Graham (1983) também afirmou que a formação em competências tem duas vantagens. A primeira é a utilização, o que significa que, ao melhorar as capacidades dos formandos, é possível realizar corretamente as tarefas exigidas na organização empregadora ou nas actividades de autoemprego. Assim, a formação de competências permite uma melhor utilização dos recursos humanos. E a segunda é a motivação, que implica que, ao dar formação em competências, é possível permitir aos formandos um sentimento de domínio sobre o seu trabalho. Deste modo, ficam satisfeitos com o seu trabalho e a produtividade pode ser melhorada.

Além disso, como Zaudneh (1994) afirmou, as principais vantagens que podem advir do resultado de programas de formação de competências válidos são: maior produtividade e qualidade melhorada, menos estragos no trabalho, maior versatilidade e adaptabilidade, menos acidentes e maior satisfação no trabalho. Assim, espera-se que os programas NFST, quando organizados e geridos corretamente, devolvam melhores valores aos formandos e aos centros de formação, bem como às comunidades locais.

1.1.2 . Tipos de programas de formação não formal de competências (FNST)

Todas as pessoas precisam de adquirir e utilizar vários tipos de competências para terem uma vida profissional produtiva e satisfatória. Para mudar a vida dos indivíduos, as "competências para a vida", que podem ser designadas por "competências de subsistência", são muito importantes. De uma forma simples, "competências" referem-se à capacidade de realizar algo. Do mesmo modo, "competências para a vida" também significa as capacidades necessárias para lidar com os problemas, as exigências, o stress e os desafios da vida quotidiana. Assim, o programa NFST é necessário para desenvolver este tipo de competências. Se o programa negligenciar os elementos mais amplos das competências, é difícil conseguir que os diplomados encontrem oportunidades de emprego autónomo sustentáveis e contínuas (OIT, 2008).

De acordo com o documento da OIT (2008), o programa NFST, enquanto parte do programa de educação não formal, engloba uma maior variedade de componentes de competências a fornecer. As competências podem ser agrupadas em muitos tipos diferentes, embora possa haver uma sobreposição com cada um deles. Assim, o documento indica que existem quatro tipos de competências: competências de base, técnicas, nucleares e empresariais ou de gestão.

As competências de base são competências que permitem ler, compreender e utilizar documentos escritos, bem como compreender os direitos e obrigações sociais. As competências técnicas referem-se à capacidade de equipar e realizar determinados trabalhos que incluem a carpintaria, a alfaiataria e outros trabalhos manuais diversos. As competências de base para o trabalho são por vezes designadas por "competências de empregabilidade", que podem ser utilizadas para promover a capacidade dos trabalhadores para assegurar e manter um emprego. As competências empresariais ou de gestão são utilizadas para ter êxito em pequenas empresas, incluindo contabilidade, gestão de riscos, planeamento, análise de mercado, etc.

Com base nas classificações de competências acima referidas e considerando a sua sobreposição, um prestador de serviços pode planear, organizar e oferecer um programa de formação de competências para adultos e jovens que estejam envolvidos em diferentes actividades de desenvolvimento, individualmente ou em cooperação.

No que diz respeito aos programas de TSNF, como quaisquer outros programas de educação e formação, estes têm conteúdos diversificados, clientela, objectivos e modalidades. Para além disso, existem várias instituições que são responsáveis pela sua oferta com base nas suas próprias funções. Assim, Coombs & Ahmed (1974) categorizaram os programas NFST em quatro tipos principais no contexto do desenvolvimento rural, tendo em conta os objectivos dos programas. Estes quatro tipos principais de programas NFST são os seguintes. O primeiro é um programa de formação de competências auxiliares para melhorar a casa e a agricultura e para obter rendimentos suplementares através de actividades secundárias para as famílias rurais. O seu objetivo é melhorar a gestão doméstica, melhorar a agricultura e gerar um rendimento suplementar. Em segundo lugar, um programa de formação de competências empregáveis para uso fora da exploração agrícola para adultos e jovens rurais. O seu objetivo é oferecer competências técnicas para o autoemprego em actividades não agrícolas. Em terceiro lugar, programas para melhorar e alargar as competências de artesãos, artífices e operadores de micro e pequenas empresas. Por último, programas integrados de formação de competências e de apoio para promover micro e pequenas empresas e outras empresas rurais não agrícolas.

1.2. Formação não formal de competências (FNST) e desenvolvimento

1.2.1 Programas NFST comparados com programas formais de formação de competências

Até à década de 1920, a maioria dos estudiosos da educação partia do princípio de que o sistema formal de educação oferecido em diferentes níveis e tipos de ensino era adequado para preparar o indivíduo para uma cidadania responsável em todos os aspectos. No entanto, durante esse período, muitos membros respeitados da comunidade intelectual-académica, especialmente educadores de adultos, começaram a questionar este pressuposto. Estes educadores consideram que "educar para a cidadania" é um processo contínuo que necessita de ajustamentos especiais e, por conseguinte, uma responsabilidade importante da educação de adultos, que inclui programas de formação não formal (Meriam, 1977).

Na sequência disto, foram levantadas as insuficiências da formação formal para satisfazer uma variedade de necessidades da clientela. Assim, os académicos têm demonstrado um apego estrito às questões de espaço, tempo, conteúdo e métodos na oferta de programas de formação de competências com base na natureza, flexibilidade, avanço tecnológico e outros factores relacionados por parte dos indivíduos e das comunidades (Adekanmbi, 1998). Por este motivo, os programas organizados de formação de competências dividem-se em duas grandes categorias: formação formal e não formal. A formação não formal refere-se ao conjunto variado de actividades de formação organizadas e semi-organizadas que operam fora da estrutura regular e da rotina do sistema formal, com o objetivo de satisfazer uma variedade de necessidades de aprendizagem de diferentes subgrupos (Coombs & Ahmed, 1974). Assim, a maior parte dos programas da NFST destina-se a satisfazer necessidades de aprendizagem importantes e a beneficiar jovens e adultos que não estão envolvidos no sistema de formação formal.

Os programas NFST são mais flexíveis e diversificados, adaptados às necessidades e circunstâncias particulares dos formandos (Onyishi, 2004). Onyishi também afirmou que esses programas de formação proclamam estratégias que apelam a uma abordagem mais forte, mais integrada e mais baseada na comunidade para o desenvolvimento rural, a fim de satisfazer as necessidades básicas dos pobres. Além disso, Vollmann (2001) também descreveu que "devido à sua flexibilidade em termos de organização, horário e duração, o NFST tem sido considerado relevante para enfrentar uma série de barreiras das instituições de formação em relação aos factores de procura. Por exemplo, na Etiópia, o interesse dos programas NFST não só foi estimulado devido ao potencial de utilização eficiente de recursos escassos, à expansão dos serviços educativos, à promoção da equidade nas oportunidades de formação e ao aumento da relevância da formação para as exigências das necessidades sociais, como também criou condições para promover o empenhamento nacional na abordagem do bem-estar das massas (Zaudneh, 1994).

Além disso, como afirmam Coombs e Ahmed (1974), os três pontos principais que se seguem mostram as necessidades potenciais das abordagens de formação não formal dos programas educativos para dotar os jovens e adultos rurais de competências profissionais utilizáveis à medida que avançam para as próximas fases de desenvolvimento. Estes pontos incluem uma grande flexibilidade na adaptação às necessidades locais, à evolução das condições e oportunidades na seleção do que ensinar e como ensinar e na combinação da aprendizagem com o trabalho prático; a liberdade de adaptação à conveniência dos formandos; e a capacidade de aproveitar os talentos locais, as instalações e o apoio geral, conduzindo, entre outras coisas, a oportunidades de formação economicamente mais viáveis.

Em suma, o conceito de FCTN foi desenvolvido basicamente por razões que incluem a oferta de formação de competências com vista à investigação do mundo imediato do trabalho, a familiarização dos formandos com um mundo sólido de formação de competências práticas e orientadas para o desenvolvimento e a possibilidade de os formandos apreciarem os resultados do seu trabalho. Pelo contrário, a formação formal de competências (TVET formal) caracteriza-se por requisitos de entrada rígidos, por pacotes de cursos não negociáveis, por metodologias inflexíveis e dominadas pelos professores, por uma duração e um calendário de programas inflexíveis que não são adequados para trabalhadores subsistentes que dependem do fluxo diário de rendimentos e por uma localização inflexível da formação (ou seja, não há opção de formação móvel).

1.2.2 . O PAPEL DOS PROGRAMAS DA NFST PARA O DESENVOLVIMENTO

Para sublinhar o grande papel dos programas de educação e formação, Knox (1993) salientou a ideia do velho ditado "Dê um peixe a um homem e ele come por um dia; ensine/treine um homem a pescar e ele come por toda a vida". Este velho ditado reflecte uma ênfase nos programas educativos curativos e preventivos, em contraste com o tratamento dos sistemas dos problemas fundamentais dos seres humanos. Do mesmo modo, Indabawa & Mpofu (2006) afirmam que "todas as necessidades e problemas humanos têm implicações para a educação e a formação".

Todas as pessoas precisam de adquirir conhecimentos, aptidões e competências que são necessárias para a vida quotidiana. Por exemplo, a alfabetização, a numeracia e a formação em competências de base promovem a produtividade dos trabalhadores, o que resulta numa melhoria dos seus rendimentos e, consequentemente, da qualidade de vida de que um indivíduo pode usufruir (Banco Mundial, 1996). Além disso, o desenvolvimento dos países depende, em última análise, das competências produtivas e dos níveis de educação e formação dos seus cidadãos. Um indivíduo alfabetizado, qualificado e empenhado pode facilmente realizar os planos de desenvolvimento do seu país (Tilahun, 1994). Neste contexto, para aumentar a produtividade económica e a coesão social, a educação e a formação são consideradas como um instrumento que aumenta o valor e a eficiência do trabalho dos trabalhadores, a flexibilidade intelectual da mão de obra, contribui para a construção da nação e a tolerância interpessoal e reduz a pobreza (Tsegaye, 2009).

No entanto, para além das elevadas taxas de analfabetismo, a maioria da população rural dos países em desenvolvimento tem sido sujeita a "tecnologias" atrasadas devido à falta de programas adequados de formação de competências. Consequentemente, as pessoas dependem de condições de vida de subsistência, que não satisfazem as suas necessidades básicas mínimas (McCollum, J. 1962). Por exemplo, devido a diferentes factores de impedimento, a população rural da Etiópia carece principalmente de conhecimentos e competências adequados que lhe permitam melhorar o seu modo de vida e as suas práticas de produção.

Por conseguinte, a introdução e a aquisição de tecnologias e competências adequadas são consideradas uma necessidade absoluta para o desenvolvimento económico e social da sociedade em geral e para a melhoria dos meios de subsistência dos indivíduos em particular (Agidew et al, 1995). Assim, tendo em conta a menor flexibilidade estrutural e o elevado custo dos programas formais de ensino e formação profissional, não é possível aumentar o número de beneficiários (formandos) para um nível satisfatório. Esta situação justifica a importância dos programas de FCTN que proporcionam instituições como os CSTC no apoio ao sector informal da economia através da melhoria das competências tradicionais, e desenvolve atitudes positivas entre os artesãos locais quanto ao desenvolvimento das suas competências de acordo com as exigências da vida "moderna".

Na maioria dos países em desenvolvimento, o desfasamento entre a formação de competências e o desemprego resulta de algumas razões importantes, como refere Fluitman (1989). Estas incluem os centros de formação que tendem a formar para competências e ocupações que não correspondem às oportunidades do mercado de trabalho, uma grave desigualdade de acesso aos programas de formação de competências e a qualidade da formação de competências oferecida no centro é muitas vezes fraca como preparação para o trabalho produtivo para o autoemprego e/ou emprego assalariado.

Tendo em conta as razões acima referidas, vários programas de formação profissional não formal para adultos e jovens foram experimentados na maioria dos países em desenvolvimento. Estes programas tendem geralmente a adaptar-se melhor às necessidades realistas, a ter custos mais baixos e, relativamente, a ter uma melhor relação custo/benefício do que a maioria dos programas de formação formal (Coombs & Ahmed, 1974). Os programas de formação profissional contínua são utilizados para aumentar as competências e a produtividade dos adultos e dos jovens que se espera que venham a participar em diferentes actividades de autoemprego, nomeadamente na agricultura, nas artes, no artesanato e nas MPE ou pequenas empresas. Assim, é essencial proporcionar um programa NFST adequado para permitir que as pessoas se tornem profissionais competentes e reflexivos nas áreas em que estão envolvidas. Os programas de formação não formal para o autoemprego em diferentes sectores internos são substancialmente diferentes da formação de competências para o emprego assalariado no sector formal. O programa de formação não formal para o autoemprego caracteriza-se pela sua relação íntima com a produção e pela obtenção de resultados imediatos (Coombs & Ahmed, 1974).

Além disso, para criar competências "comercializáveis" que facilitem o desenvolvimento económico e aumentem o autoemprego em qualquer área, os programas NFST devem estar estreitamente ligados às condições de mercado actuais e futuras e às necessidades de competências dessa área. Além disso, devem estar intimamente ligados a diferentes serviços de apoio de que esses trabalhadores por conta própria necessitam para poderem utilizar as suas competências da forma mais eficaz. Os serviços podem incluir assistência na obtenção de crédito, matérias-primas, equipamento, subcontratos, ajuda na conceção e comercialização de produtos e formação de acompanhamento, conforme necessário (Coombs & Ahmed, 1974). Isto implica que os programas NFST não podem ser concebidos ou executados com êxito num vácuo socioeconómico, sem uma ligação íntima com factores relacionados no ambiente.

1.3. Organização e gestão dos programas NFST

As actividades de qualquer organização podem fragmentar-se e tornar-se ineficazes se não forem devidamente organizadas e geridas. Enquanto atividade organizacional, o programa de educação e formação não formal é uma atividade multissectorial que envolve várias agências governamentais e não governamentais, bem como as comunidades, como fornecedores para uma vasta gama de grupos-alvo (Evans, 1981:33, e Rogers, 1992::159). Da mesma forma, Wanna (1999:65) também afirmou que os programas de educação básica não formal e de formação de competências podem ser organizados e geridos por diferentes grupos, agências, governos e outros, embora o papel do governo seja grande nos países em desenvolvimento. Isto faz com que a tarefa de organização e gestão dos programas de FNET se torne uma questão complicada e, por vezes, controversa. Por conseguinte, como parte dos programas de educação não formal, esta parte da literatura centra-se basicamente nos programas de FCTN, considerando aspectos como o planeamento, a organização e a gestão.

1.3.1 Planeamento do programa de formação

De acordo com Boone (1985:64), o planeamento é uma sequência deliberada, racional e contínua de actividades através das quais o planeador adquire uma compreensão profunda e um compromisso com as actividades globais da organização e se torna conhecedor e empenhado na renovação organizacional contínua e na ligação às suas comunidades. Este autor também afirmou que o planeamento é uma componente funcional e integrada do processo de gestão que se orienta por cinco pressupostos básicos: atividade futurista, comportamento proactivo em vez de reativo, aumento da eficiência, atividade sequencial ou por etapas e colaboração (Boone, 1985:81). Do mesmo modo, Sork&Caffarella (2002:233) explicaram que o planeamento de programas é definido como "o processo de determinar os fins a atingir e os meios utilizados para os atingir". Além disso, Gboku & Lekoko (2007:42) descreveram que o planeamento do programa é um processo sistemático e orientado para as necessidades que convida conscientemente a abordar as necessidades educativas de um grupo-alvo. Assim, o planeamento do programa é um meio de criar uma comunicação aberta entre pessoas como especialistas em conteúdos, avaliadores, facilitadores/coordenadores, potenciais formandos, etc., discutindo decisões sobre áreas prioritárias, objectivos do programa, conteúdos, modos de entrega e estratégias de avaliação.

1.3.1.1 Processo de planeamento

O processo de planeamento é a parte mais decisiva das actividades educativas e deve ter em consideração os beneficiários-alvo. Durante o processo de planeamento, as áreas a considerar são as questões relacionadas com os formandos, os facilitadores/coordenadores e os formadores, as instalações, o programa de formação e outras. No entanto, o planeamento não é feito de forma espontânea, pelo que tem as suas próprias etapas ou processos processuais. Assim, tal como referido por Knowles & outros (1998:189), e Wellings (1987:85), o planeamento do programa FNET envolve um processo de seis passos que incluem 1) analisar o contexto de planeamento e o sistema de clientes 2) avaliar as necessidades, 3) desenvolver os objectivos do programa, 4) formular o plano de instrução, 5) implementação do programa, e 6) avaliação e monitorização do programa. Uma vez que estas etapas são essenciais para o planeamento do programa NFST, é necessário explicar cada etapa da seguinte forma.

Analisar o contexto de planeamento e o sistema do cliente As actividades começam nesta etapa. A este respeito, Lukiya, Kenneth & Godfrey (2001:37) argumentaram que considerar o contexto social e ambiental ou as questões dos formandos é um pré-requisito para planear um programa de formação:203) confirmaram que o planeamento de um programa ocorre num meio socioeconómico em que as instituições, tradições, políticas, etc., podem afetar o processo de planeamento do programa. Assim, no processo do programa de formação, podem ser identificadas informações sobre a idade dos beneficiários (formandos), o nível de escolaridade, o contexto cultural, o estatuto económico, as condições familiares, a distribuição geográfica, etc. Sem o conhecimento destes pontos, podem ser cometidos erros graves e o resultado final ou o desfecho do programa de formação pode não ser eficaz. Assim, esta etapa fornece informações de base que podem ser utilizadas na tomada de decisões sobre o processo de planeamento.

Avaliação das necessidades: É uma exploração sistemática da forma como as coisas são e como deveriam ser (IIZ/DW, 2005:19). Estas "coisas" estão normalmente associadas ao desempenho organizacional e/ou individual. O sucesso ou o fracasso de um programa educativo depende em grande medida da sua relevância para as necessidades globais do indivíduo. De acordo com Knowles (1980:365), a avaliação das necessidades faz parte do processo de planeamento que identifica e prioriza as necessidades educativas de cada formando. É um processo de recolha e análise de informação para desenvolver estratégias para o desenvolvimento do programa. Assim, no processo de planeamento do programa de formação de competências, as necessidades dos formandos devem ser colocadas em primeiro lugar, e as necessidades dos formadores e prestadores de serviços são secundárias. A sua explicação detalhada é apresentada no título "avaliação das necessidades de formação".

Formulação de metas e objectivos do programa: Os objectivos do programa são declarações que se concentram no que deve acontecer e no que deve resultar do programa (Gboku & Lekoko, 2007:126). De acordo com estes autores, as metas são orientações para a escolha de recursos e técnicas, e são essenciais para a avaliação e melhoria do programa. Por outro lado, os objectivos do programa são descrições mais detalhadas das acções específicas necessárias para atingir uma meta acordada. Em suma, os objectivos são os resultados de aprendizagem pretendidos. Quaisquer que sejam os objectivos, devem ser formulados com base nos problemas e necessidades prioritários dos beneficiários/formandos.

Formulação do plano de formação: Isto envolve a seleção e a ordenação dos conteúdos da formação, a seleção de recursos, estratégias e métodos adequados (Sork & Caffarella, 2002:89). Além disso, Gboku & Lekoko (2007:122) observaram que os conteúdos programáticos têm de ser seleccionados e organizados de acordo com os objectivos da formação, ou seja, o que deve ser treinado para os alcançar

Implementação do programa: É um processo de pôr em prática o programa planeado (Derbessa, 2004:201). Do mesmo modo, Gboku & Lekoko, 2007:131) observaram que a implementação do programa se refere a pôr em ação as metas, os objectivos e os planos de instrução do programa. Durante a implementação, a coordenação adequada do programa é muito importante. Isto porque a coordenação do programa ajuda a alcançar os objectivos dos programas de TSNF sem ou com uma quantidade mínima de factores determinantes através dos esforços de colaboração dos coordenadores, formadores e grupos-alvo ou beneficiários (Kassahun, 1997:85). No processo de implementação, a coordenação significa facilitar as relações entre organizações, partes interessadas e beneficiários para utilizar os recursos de forma económica. Com base nisto, é possível concluir que, uma vez que os formandos são os beneficiários mais directos do programa de formação, o seu envolvimento direto determina o sucesso da implementação do programa.

Avaliação e controlo do programa: Uma vez que a implementação do programa não é um fim em si mesmo, o programa tem de ser verificado regularmente e os seus resultados têm de ser medidos com base nos objectivos pretendidos. Assim, o desenvolvimento das técnicas de avaliação e de controlo é muito importante. A descrição pormenorizada das mesmas é apresentada no título "acompanhamento e avaliação do programa".

1.3.1.2 Avaliação das necessidades de formação

O termo necessidade é definido de forma diferente por diferentes educadores. De acordo com Tyler (in Boone, 1985:114), uma necessidade é definida como a diferença entre a condição atual do aprendente e uma norma aceitável Maslow (in Boone, 1985) também afirmou que as necessidades podem ser organizadas desde as mais baixas (sobrevivência) e mais fundamentais até às mais elevadas (auto-realização). Além disso, ao resumir várias definições de necessidades, Boone (1985:115) afirmou que uma necessidade pode ser definida como "uma deficiência, um desequilíbrio, uma falta de ajustamento ou uma lacuna entre a situação atual e um conjunto de normas sociais consideradas mais desejáveis". Assim, as necessidades implicam uma lacuna entre o que deveria ser (situação desejável) e o que é (situação atual).

Existem diferentes concepções de necessidades que incluem necessidades de aprendizagem/formação, necessidades sentidas, necessidades expressas e necessidades normativas (Gboku & Lekoko, 2007:129). Para efeitos do presente estudo, é selecionada e definida uma necessidade de aprendizagem. Assim, estes autores observaram que uma necessidade de aprendizagem é um estado de condição que existe quando há uma lacuna entre a situação atual e a situação exigida. Do mesmo modo, Knowles (1980:88) também afirmou que "uma necessidade educativa é algo que as pessoas devem aprender para o seu próprio bem, para o bem de uma organização ou para o bem da sociedade". No planeamento do programa FNET, há três fontes de necessidades que devem ser consideradas, nomeadamente os indivíduos a servir, os institutos de formação e a comunidade/sociedade em geral (Knowles, 1980:93). Assim, devem ser consideradas técnicas para avaliar essas necessidades, o que é conhecido como uma atividade de avaliação de necessidades.

O termo avaliação das necessidades é um conceito útil e é simplesmente definido como "uma identificação de um estado deficiente" (Knox 1993:29). A identificação e a avaliação das necessidades de formação ajudam a tornar os programas de formação de competências relevantes e a reduzir (ou mesmo evitar) despesas desnecessárias. Além disso, a aplicação da avaliação das necessidades no programa de formação ajuda a descobrir a procura imediata e a curto prazo de mão de obra qualificada.

Em muitos programas de formação não formal, no entanto, a principal crítica é que as boas intenções que motivam as suas indicações nem sempre são acompanhadas por uma avaliação realista das necessidades de formação dos grupos-alvo (formandos) ou da comunidade local (Guluma, 2002). É claro que a exigência de muitas organizações, como a OIT, a UNICEF e a UNESCO, de uma avaliação útil das necessidades de formação tem aumentado consideravelmente, de tempos a tempos, nos programas educativos que oferecem (Gajanayakee, 1993).

As necessidades de formação são as competências que os participantes (beneficiários) carecem de aprender/formar para desempenharem um determinado trabalho de forma satisfatória. Por conseguinte, antes de organizar um programa de formação, é importante saber o que falta aos potenciais formandos e à comunidade envolvente e investigar as necessidades de formação de competências para o futuro (Hildebrand, 1994:7). Neste sentido, a determinação das necessidades locais de formação deve basear-se em muito mais do que as necessidades de formação sentidas por indivíduos e grupos não qualificados identificáveis (Meleko & Betz, 1995:19). Assim, acredita-se que o ponto inicial para determinar tais necessidades é a comunidade local e as suas necessidades de produção. Assim, o processo de planeamento deve incluir um estudo microeconómico detalhado, juntamente com algum tipo de avaliação das necessidades de mão de obra da comunidade.

Nas zonas rurais densamente povoadas, é possível encontrar necessidades e interesses diversificados. Neste caso, uma tentativa de avaliação das necessidades de formação deve ser dinâmica e responder às necessidades da comunidade em relação às mudanças socioeconómicas e ambientais (Guluma, 2002:39). No que diz respeito à identificação das necessidades de formação de um grupo de pessoas, é necessário conhecer os seus níveis de competências desejadas e actuais, bem como a lacuna entre as competências actuais e as exigidas que a formação deve ser concebida para preencher (Gajanayakee, 1993:10).

1.3.2 Organização do programa de formação

Nos países em desenvolvimento, um dos problemas mais sérios para implementar um determinado programa é a falta de pessoal de gestão. Como afirma Magnen (1991:111), ao mesmo tempo que asseguram uma boa implementação dos programas, os organismos responsáveis devem procurar um tipo de organização que permita uma utilização óptima dos recursos existentes.

Na prática, um programa educativo pode ser gerido pelo próprio pessoal, por outro organismo público ou por fontes externas de financiamento. Assim, a implementação do programa deve ser efectuada com pessoal e organização adequados.

Um programa não existirá isoladamente. Como observa Maclachlan (1996:2), existem vários factores que rodeiam o programa e que constituem oportunidades, constrangimentos ou riscos para o seu sucesso. Neste caso, uma organização adequada do programa ajuda a identificar todos os factores e a prepará-los de modo a dar a melhor oportunidade para o sucesso do programa. No entanto, uma má organização é uma das razões que levam ao fracasso dos programas educativos. Da mesma forma, o programa de educação e formação não formal na maioria dos países em desenvolvimento carece de uma direção adequada e de uma organização apropriada. Também não está bem coordenado com o sistema formal, o que resulta numa utilização insuficiente das instalações e dos recursos (Agidew et al, 1995:9).

1.3.2.1 . A Organização dos Centros de Formação Não Formal

De acordo com o Banco Mundial (1990), a estrutura centralizada, pela sua natureza, é um grande obstáculo à participação das pessoas num determinado programa. Tais estruturas mantêm o controlo sobre a tomada de decisões, a atribuição de recursos e a informação, entre outros. As estruturas organizacionais também se tornam longas e complexas, o que torna inatingível o envolvimento da comunidade local na atividade do programa.

Tornar os programas de TSFN, que são ministrados nos centros de formação (CSTCs), funcionais significa colocar os beneficiários ou grupos-alvo no centro do seu ambiente e dar-lhes os meios para se tornarem activos. Para isso, Muller (1997:41) afirmou que a estrutura centralizada (de cima para baixo) dos programas educativos não pode colocar os alunos no centro, sendo preferível a abordagem de baixo para cima (15). Da mesma forma, Narayan (1995:83) afirmou que os problemas comuns da abordagem centralizada incluem a incapacidade de responder às necessidades da população local, a duração inadequada, a oferta inflexível e outros problemas. Assim, para implementar um programa de formação bem sucedido, as pessoas ao nível da base devem desenvolver uma estrutura organizacional. É difícil iniciar, implementar e acompanhar as actividades do programa de formação sem uma estrutura adequada. Além disso, os participantes ao nível das bases facilitam a colaboração de diferentes sectores na promoção de ficheiros e na implementação harmoniosa dos programas da NFST. Para promover e apoiar os programas dos centros de formação de competências, as autoridades locais, as sociedades civis, os sectores privados e os representantes das comunidades locais podem ser parceiros dos centros.

Existem diferentes modalidades/abordagens de formação de competências para o emprego autónomo/salarial. Estas incluem abordagens de formação em centros, por satélite, móveis, de aprendizagem e no local de trabalho. Entre estas, a abordagem baseada em centros ou institucional pode ser adequada para os centros de formação.

A formação nestes centros combina efetivamente a formação empresarial e a formação em competências. Na medida do possível, os centros de formação devem estar bem equipados e organizados. Os formandos, os formadores e o centro de formação chegam a acordo sobre o programa global de formação.

1.3.2.2 Componentes da organização do programa de formação

A organização do centro de formação é uma disposição sistemática desenvolvida para atingir os seus objectivos. Um centro de formação tem duas componentes básicas da estrutura organizacional. São elas a organização para fins administrativos e a organização para fins pedagógicos (Tebikew, 2009:31). O objetivo administrativo diz respeito à gestão operacional dos formandos e do pessoal, à manutenção das instalações e dos materiais, às responsabilidades comerciais, etc. Como componente de um programa educativo, os programas do NFST podem estar ligados a essas estruturas de administração (Mamo, et al, 1998:21). A administração do pessoal é reconhecida como a função mais importante da gestão do centro de formação pelo coordenador do centro e pelos membros do comité de gestão. A forma como o pessoal está organizado e a medida em que o pessoal e outras partes interessadas identificam o conjunto dos programas de formação no centro contribuirão para a qualidade do centro de formação. Por conseguinte, o coordenador do centro deve dedicar o máximo esforço a uma estrutura organizacional sólida do pessoal.

O objetivo pedagógico diz respeito à organização do currículo do conteúdo da formação, bem como aos métodos de formação. Os centros de formação fornecem competências básicas numa abordagem não formal, principalmente para jovens e adultos desempregados e/ou subempregados que vivem nas imediações do centro. Tal como referido por Guruage (1977:97), os pontos de orientação utilizados para a organização do programa dos centros de formação incluem a obtenção dos recursos humanos e não humanos necessários para implementar o programa; o agrupamento dos trabalhos componentes numa estrutura organizacional ordenada; o estabelecimento de fontes de autoridade e técnicas de coordenação; a formulação e definição de métodos e procedimentos de formação; e a seleção, formação e informação dos indivíduos (pessoal, formadores e formandos).

1.3.3 Gestão de programas de formação

A gestão em diferentes contextos envolve diferentes tipos de competências e conhecimentos. Por exemplo, como coordenador de um centro de formação, uma pessoa precisa de saber algo sobre o trabalho que é feito no seu centro, os sistemas e rotinas do centro, as necessidades de aprendizagem dos beneficiários e da comunidade local, os tipos de negócios ou oportunidades de emprego que os formandos estão a preparar para eles, etc.

No programa de formação não formal, a gestão envolve os esforços de colaboração de todos os grupos envolvidos em todas as funções de gestão do centro de formação. A gestão do programa é, portanto, um sistema que liga a instituição de formação aos beneficiários e aos sistemas, num esforço de colaboração para identificar e analisar as necessidades de aprendizagem dos grupos-alvo e para implementar os programas que vão ao encontro dessas necessidades (Boone, 1985:41).

No que diz respeito aos programas de formação em contexto de trabalho, como afirma Samuel (1998:33), o papel de um coordenador na organização da formação consiste principalmente em selecionar materiais de formação adequados, organizar as instalações físicas e de formação e coordenar o pessoal envolvido no programa de formação. Além disso, com base nas necessidades dos grupos-alvo, o coordenador deve refletir sobre o tipo de experiências de aprendizagem que os formandos devem obter. Além disso, o coordenador da formação, em colaboração com as partes interessadas do centro de formação, deve organizar e gerir o programa utilizando estratégias de formação adequadas. Para permitir que os formandos adquiram as competências e os conhecimentos desejados, Mamo (1996:26) observou que tais factores devem ser considerados para selecionar as estratégias adequadas no programa de formação. Estes incluem o objetivo, a duração, os recursos disponíveis, bem como o meio de instrução da formação.

1.3.3.1 Envolvimento das partes interessadas nos programas de formação de competências dos CSTC

O envolvimento das pessoas e de outras partes interessadas é necessário para o desenvolvimento de qualquer programa, desde o planeamento até à avaliação (Sessay, 1997:251). Isto implica que o sucesso da implementação de qualquer programa educativo depende, em grande medida, da participação ativa dos organismos interessados e/ou das partes interessadas a diferentes níveis do programa e de diferentes sectores. Do mesmo modo, o êxito e a eficácia dos programas de formação profissional dos professores depende do elevado nível de responsabilidade do pessoal administrativo encarregado de gerir, organizar e coordenar os programas de formação, bem como do financiamento adequado e do fornecimento de materiais em quantidade e qualidade suficientes (Omoruyi, 2004:45). Para esta atividade, o envolvimento de várias partes interessadas diretamente relacionadas com as componentes do programa é muito crucial (Tekeste, 1996:47).

A implementação dos programas NFST pode ser mais eficaz e eficiente se forem integrados e colaborados, bem como assistidos por diferentes partes interessadas, que incluem as ONG e as comunidades. Embora as autoridades governamentais da maioria dos países em desenvolvimento sejam responsáveis pela maior parte do programa, o envolvimento das ONGs e de outras partes interessadas é muito significativo (Kassahun, 1997:8). As ONGs têm de encorajar os seus clientes a contribuírem tanto quanto possível com as suas iniciativas, ideias, trabalho, fundos e outros recursos para a implementação do programa de formação. Assim, a necessidade de um governo e de uma parceria emana basicamente do facto de a educação, tal como outros sectores de desenvolvimento, ser um esforço coletivo que exige o envolvimento total dos seus intervenientes.

1.3.3.2 Acompanhamento e avaliação do programa de formação de competências

A monitorização e a avaliação são processos estreitamente inter-relacionados nos mecanismos de verificação de programas, e a monitorização sequencial cria uma condição para a avaliação e a tomada de decisões atempadas. Em qualquer organização, a monitorização e a avaliação devem ser bem concebidas e sistematicamente executadas para atingir as metas e os objectivos da organização (Fikre, et al, 1999:65). Assim, o acompanhamento e a avaliação são formas sistemáticas de controlar, verificar e assegurar a implementação eficaz do programa em qualquer organização.

A monitorização é uma supervisão regular da implementação do programa que procura estabelecer o grau em que os insumos, os calendários de trabalho, outras acções e os resultados-alvo estão a decorrer de acordo com o plano (Mamo et al, 1998:41). A avaliação (formativa e sumativa), por outro lado, é uma apreciação da intervenção planeada, em curso ou concluída para determinar a relevância, a eficiência, a eficácia, o impacto e a sustentabilidade do programa. Ambas incidem sobre o progresso e a melhoria do programa, de modo a que uma crie condições adequadas para a outra (Samuel, 1998:35).

Atualmente, a monitorização e a avaliação são objeto de grande atenção no desenvolvimento e na implementação de programas educativos em geral e de formação não formal em particular (Magnen,

1991:118). Preocupam-se com a melhoria das situações actuais e das actividades futuras dos programas. Avaliam os objectivos, os métodos, os inputs, os outputs e outras actividades relacionadas com os programas de TFN (Hildebrand, 1994:68).

Entre os vários modelos de avaliação, a avaliação participativa é mais adequada ao contexto dos programas de TSNF. Uma vez que este tipo de avaliação é um método que engloba a avaliação como parte de um processo de planeamento de programas de TSN em que os grupos-alvo são o centro dos programas de formação (Meleko & Betz, 1995:26). Também se centra na relevância e eficácia do programa de formação existente e nos seus resultados futuros (Kassahun, 1997:13).

No processo de avaliação participativa, espera-se que o coordenador/facilitador do programa de formação ajude os formandos a decidir o que avaliar e quando avaliar. Para que a avaliação seja frutuosa, o coordenador/facilitador do programa, os formadores e os grupos-alvo, bem como outros organismos interessados, têm de participar na divulgação de informações sobre o programa (Guluma, 2002:42). Além disso, no que diz respeito à prestação de serviços de formação da mais alta qualidade possível aos beneficiários, especialmente adultos e jovens, Knowles (1980: 202) argumentou que a avaliação do programa tem dois objectivos principais, que são a melhoria da organização e do programa. A melhoria do funcionamento organizacional inclui o processo de planeamento, a estrutura, os procedimentos de tomada de decisão, o pessoal, as finanças, as instalações, o recrutamento, a formação, as relações públicas e a gestão administrativa. E a melhoria do programa inclui objectivos, clientes, métodos e técnicas, materiais e qualidade dos resultados da formação.

1.4. Práticas de programas de formação de competências não formais

O Governo da Etiópia considera a educação como um dos principais sectores de desenvolvimento e oferece educação e formação técnica e profissional (TVET) através do Ministério da Educação (MOE) e dos REBs para aqueles que completam o 10º ano, enquanto que para os jovens e adultos acima dos 15 anos com menos de 10º ano ou sem qualquer educação, oferece programas de alfabetização e formação de competências básicas nos CSTCs onde estes estão disponíveis. De acordo com o Programa de Desenvolvimento do Sector da Educação II (PESD n) para o período 2002-2005, o objetivo é proporcionar formação em competências básicas a 65.000 jovens e adultos em 43 novos CSTCs (MdE 2008).

Enquanto os subsectores do ensino primário e da TVET têm recebido a máxima prioridade no sector da educação por parte do governo etíope, o ANFE tem sido o subsector da educação menos importante e apenas marginalmente visto durante a última década. Só recentemente - após o Fórum de Dacar sobre Educação para Todos (EPT) e a formulação da nova Estratégia de Redução da Pobreza (ERP) - é que a educação não formal como via alternativa ao ensino primário básico recebeu um apoio político mais forte. Além disso, as iniciativas de educação não formal e de adultos orientadas para os meios de subsistência e as actividades das organizações não governamentais (ONG) e das organizações de base comunitária (OBC) foram reconhecidas como contributos importantes para o desenvolvimento do sistema educativo (e, gradualmente, como um meio de redução da pobreza).

Em comparação com outros países africanos, o sistema nacional de educação de adultos está desenvolvido de forma desigual entre as regiões, e apenas parcialmente. Os programas a nível distrital (woreda) ou comunitário fornecem - se é que o fazem - apenas alfabetização ou formação em competências, mas não alfabetização funcional ou formação em meios de subsistência, para não falar de outros domínios da educação de adultos, como a educação cívica, cultural ou ambiental ou o vasto campo da educação contínua.

De acordo com o IIZ/DW (2001), especialmente nos últimos quatro a cinco anos, a nz/DW internacional evoluiu subsequentemente a partir de uma série de intervenções práticas, que podem ser caracterizadas da seguinte forma

a) Apoio prático à formação nos CSTC e à formação do seu pessoal, bem como apoio a instituições de formação pré-serviço e em serviço relacionadas com a formação de competências, incluindo a publicação e distribuição de materiais de ensino/aprendizagem/formação. 1996-1999/

b) Projectos-piloto de desenvolvimento comunitário integrado e introdução de métodos participativos, tais como a avaliação rural participativa (PRA), a avaliação das necessidades de mercado e de formação e as economias baseadas nas competências através da formação de empresas (CEFE) (1999-2001)

c) Formação de formadores (TOT) em formação de competências em meios de subsistência (análises de situação, PRA, análises de mercado, avaliação de necessidades de formação, análises institucionais, CEFE, noções básicas de aprendizagem de adultos) e formação em Gestão do Ciclo de Projeto (PCM), tal como planeamento de projeto/programa utilizando a abordagem de quadro lógico, monitorização + avaliação (M+E), sistemas de informação de gestão (MIS) para ANFE para o pessoal de parceiros-chave (MOE, REBs, mais ONGs) de seis regiões (2002-data)

d) Introdução do novo programa suplementar através da sensibilização e orientação dos decisores e das pessoas-chave (políticos, funcionários superiores dos organismos regionais de desenvolvimento, dos gabinetes regionais de reforço das capacidades (Regional Capacity Building Bureaus/RCBB) e dos níveis inferiores, bem como das ONG) (2002 até à data)

e) Desenvolvimento de materiais de formação para formadores de formadores (ToTs) em formação de competências de subsistência, para formadores e coordenadores de CSTCs e formação de peritos ANFE a nível distrital e coordenadores de CSTCs (2002 - data)

f) Continuação do desenvolvimento dos CSTC e dos VTC das ONG e criação de modelos de CSTC/ VTC/centros rurais de TVET em seis regiões, através da renovação, do equipamento, do mobiliário e da aquisição de materiais, bem como de um serviço de aconselhamento sobre o programa (2003 - data) Com a formulação e a implementação do novo programa de ensino e formação técnica e profissional (TVET) do Governo da Etiópia (MOE 2002), surgiu recentemente um desafio adicional que pode muito bem transformar-se num outro objetivo do programa: proporcionar formação profissional não formal a grupos-alvo especiais, como os jovens, especialmente os que abandonam a escola e não têm acesso ao sistema formal de formação profissional

Prevê-se a criação de vias alternativas para a qualificação profissional dos alunos que não cumpram os requisitos (10.º ano+1), através da ligação entre programas de formação profissional não formal e formal.

O principal resultado de um sistema de ensino de ficheiros é uma força humana instruída e qualificada. Estas pessoas qualificadas devem aumentar a produtividade e contribuir para o desenvolvimento global da sociedade com a melhoria da qualidade de vida geral de uma determinada sociedade. Este facto mostra a interligação entre educação/formação, desenvolvimento e nível de vida da comunidade. Assim, é essencial formar a comunidade para que possa mudar a sua maneira de fazer coisas e o seu comportamento para participar nas actividades de desenvolvimento. Isto significa que a melhoria de vida depende da formação adequada das pessoas para um determinado fim.

Para concretizar o conceito acima referido, o programa de educação não formal, que inclui o programa NFST, é um dos meios para atingir o objetivo. A este respeito, existem milhões de centros e instituições de formação de adultos e não formais que operam em todo o mundo. Como afirma a UNESCO (2003), embora alguns centros de formação com novas perspectivas estejam a ser abertos para criar acesso e equidade na aprendizagem, a maioria deles está a ser encerrada devido a sistemas de gestão e organização insuficientes e não eficazes. Em consequência, cerca de 23% da população adulta do mundo (mil milhões de adultos) não sabe ler/escrever e nem sequer efetuar operações aritméticas simples. Muitos deles carecem de conhecimentos básicos e das competências adequadas de que necessitam para serem trabalhadores responsáveis e eficientes e cidadãos activos. No que respeita aos programas de formação não formal, a prática/experiência de alguns países foi apresentada nesta parte.

Diferentes países utilizam vários tipos de programas de educação e formação não formal, consoante as necessidades e situações específicas. Os relatórios de investigação disponíveis indicam que os programas de educação não formal podem ser organizados e geridos por diferentes grupos de uma sociedade, agências, governos e outros. Nos países em desenvolvimento, os governos desempenham um papel fundamental na organização de diferentes tipos de programas de formação não formal. Tal como referido por Carron & Hill-Carr (1991:55), os vários grupos que oferecem este tipo de programas num determinado país podem geralmente dividir-se em dois grandes sectores: o sector público (ministérios e instituições governamentais) e o sector privado ou não governamental (empresas e organizações com ou sem fins lucrativos).

Em África, durante as décadas de 1960 e 1970, os sistemas de educação formal passaram por um período de rápida expansão (Bishop, 1989:80). Na última década, os limites da expansão começaram a surgir, em primeiro lugar, à medida que a componente educação dos orçamentos nacionais atingia e ultrapassava os limites viáveis e, em segundo lugar, à medida que o problema do abandono escolar desempregado se colocava. Neste contexto, o interesse pelo sistema de educação e formação não formal surgiu de um sentimento de necessidade urgente de proporcionar acesso à educação a grandes populações rurais com poucas ou nenhumas oportunidades de escolarização formal (Adekanmbi &Modise, (2000:160).

O resultado é uma diversidade de esquemas pragmáticos de programas de formação não-formal que se desenvolveram de forma independente em diferentes países africanos (Belle, 1986:232). Nas zonas rurais, a ênfase tem sido colocada nas competências agrícolas, na literacia funcional, no artesanato local e noutras competências relacionadas com a vida. Por exemplo, as Brigadas do Botswana e os Politécnicos de Aldeia do Quénia foram concebidos para proporcionar formas produtivas de integrar os alunos que abandonam a escola primária no processo de desenvolvimento rural. Tal como Wana (1999:70) indicou, estes dois modelos de programas de formação não formal evoluíram a partir de pequenos projectos a nível local e desenvolveram-se no processo com o objetivo de resolver os problemas da população local.

Nas Brigadas do Botsuana, os trabalhos produtivos combinados eram utilizados como um processo de aprendizagem e como uma fonte de rendimento. Um pequeno núcleo de cursos de desenvolvimento complementava a formação e a experiência prática em construção, agricultura, curtumes e outros ofícios rurais. O programa foi concebido não só para proporcionar aos formandos competências práticas úteis, mas também para os ajudar a colmatar o difícil fosso entre a formação e o emprego produtivo após a formação. Os Politécnicos das Aldeias do Quénia constituem um exemplo paralelo baseado na filosofia queniana de autoajuda. Os cursos de formação de competências eram ministrados em profissões conhecidas pela procura numa determinada área. Embora os programas de formação do Quénia e do Botsuana fossem não-governamentais, foram crescendo gradualmente até chegarem a um ponto em que havia algum apoio e coordenação por parte do governo (Adekanmbi & Modise, 2000:158).

O principal resultado do sistema educativo é uma força humana instruída e qualificada. Estas pessoas qualificadas devem aumentar a produtividade e contribuir para o desenvolvimento global da sociedade, com a melhoria da qualidade de vida geral de uma determinada sociedade. Este facto mostra a interligação entre educação/formação, desenvolvimento e nível de vida da comunidade. Assim, é essencial formar a comunidade para que possa mudar a sua maneira de fazer as coisas e o seu comportamento para participar nas actividades de desenvolvimento. Isto significa que a melhoria de vida depende da formação adequada das pessoas para um determinado fim.

Para concretizar o conceito acima referido, o programa de educação não formal, que inclui o programa NFST, é um dos meios para atingir o objetivo. A este respeito, existem milhões de centros e instituições de formação de adultos e não formais que operam em todo o mundo. Como afirma a UNESCO (in Million, 2006:43), embora alguns centros de formação com novas perspectivas estejam a ser abertos para criar acesso e equidade na aprendizagem, a maioria deles está a ser encerrada devido a sistemas de gestão e organização insuficientes e não eficazes. Como resultado, cerca de 23% da população adulta do mundo (um bilião de adultos) não sabe ler/escrever e nem sequer faz as operações aritméticas simples. Muitos deles carecem de conhecimentos básicos e das competências adequadas de que necessitam para serem trabalhadores responsáveis e eficientes e cidadãos activos. No que respeita aos programas de formação não formal, a prática/experiência de alguns países foi apresentada nesta parte.

Diferentes países utilizam vários tipos de programas de educação e formação não formal, consoante as necessidades e situações específicas. Os relatórios de investigação disponíveis indicam que os programas de educação não formal podem ser organizados e geridos por diferentes grupos de uma sociedade, agências, governos e outros. Nos países em desenvolvimento, os governos desempenham um papel fundamental na organização de diferentes tipos de programas de formação não formal. Tal como referido por Carron & Hill-Carr (1991:55), os vários grupos que oferecem este tipo de programas num determinado país podem geralmente dividir-se em dois grandes sectores: o sector público (ministérios e instituições governamentais) e o sector privado ou não governamental (empresas e organizações com ou sem fins lucrativos).

Em África, durante as décadas de 1960 e 1970, os sistemas de educação formal passaram por um período de rápida expansão (Bishop, 1989:80). Na última década, os limites da expansão começaram a surgir, em primeiro lugar, à medida que a componente educação dos orçamentos nacionais atingia e ultrapassava os limites viáveis e, em segundo lugar, à medida que o problema do abandono escolar desempregado se colocava. Neste contexto, o interesse pelo sistema de educação e formação não formal surgiu de um sentimento de necessidade urgente de proporcionar acesso à educação a grandes populações rurais com poucas ou nenhumas oportunidades de escolarização formal (Adekanmbi &Modise, 2000:160).

O resultado é uma diversidade de esquemas pragmáticos de programas de formação não-formal que se desenvolveram de forma independente em diferentes países africanos (Belle, 1986:232). Nas zonas rurais, a ênfase tem sido colocada nas competências agrícolas, na literacia funcional, no artesanato local e noutras competências relacionadas com a vida. Por exemplo, as Brigadas do Botswana e os Politécnicos de Aldeia do Quénia foram concebidos para proporcionar formas produtivas de integrar os alunos que abandonam a escola primária no processo de desenvolvimento rural. Tal como Wana (1999:70) indicou, estes dois modelos de programas de formação não formal evoluíram a partir de pequenos projectos a nível local e desenvolveram-se no processo com o objetivo de resolver os problemas da população local.

Nas Brigadas do Botsuana, os trabalhos produtivos combinados eram utilizados como um processo de aprendizagem e como uma fonte de rendimento. Um pequeno núcleo de cursos de desenvolvimento complementava a formação e a experiência prática em construção, agricultura, curtumes e outros ofícios rurais. O programa foi concebido não só para dotar os formandos de competências práticas úteis, mas também para os ajudar a ultrapassar a difícil distância entre a formação e o emprego produtivo após a formação. Os Politécnicos das Aldeias do Quénia constituem um exemplo paralelo baseado na filosofia queniana de autoajuda. Os cursos de formação de competências eram ministrados em profissões conhecidas pela procura numa determinada área. Embora os programas de formação do Quénia e do Botsuana fossem não-governamentais, cresceram gradualmente até chegarem a um ponto em que havia algum apoio e coordenação por parte do governo (Adekanmbi & Modise, 2000:158).

Na maioria dos países africanos, existe uma grande variedade de programas de formação profissional e de competências. A maior parte destes programas são muito pequenos e encontram-se normalmente numa capital ou numa grande cidade de província, tendo muitas vezes dificuldade em colocar os seus diplomados. Estes esforços são normalmente apoiados por um ministério ou uma organização privada e não fazem parte de um esforço nacional coordenado para formar trabalhadores qualificados (Habtamu, H/Giorgis & Wanna, 1999:10).

Uma outra abordagem dos programas de educação não formal é encontrada predominantemente na América Latina. Neste continente, há uma história relativamente longa de desenvolvimento de actividades educativas não escolares, frequentemente no sector não governamental, como afirmam Bock & Papagiannis (1983:96). Dois modelos de educação não formal são notáveis neste contexto: o desenvolvimento de uma rede de centros nacionais de formação de competências para as competências industriais modernas e a difusão generalizada de escolas radiofónicas para fins educativos. Os centros de formação de competências são exemplificados pelas primeiras abordagens no Brasil, numa organização conhecida como SENAL, e encontram-se atualmente em muitos países da América Latina Andina. Estes programas são caracterizados por cursos residenciais de formação de competências de duração variável, são financiados por salários ou outros impostos sobre as indústrias e são geridos por instituições completamente separadas do sistema escolar formal (Belle, 1986:228). No entanto, nos países em desenvolvimento, a maioria dos centros rurais de formação não formal de competências enfrenta muitas dificuldades na formação de jovens e adultos. Alguns dos muitos desafios que foram apontados pelo Banco Mundial (1996:200) incluem financiamento inadequado e outros recursos, sistemas de formação fracos, baixas qualificações dos coordenadores e formadores sem formação, fraca ligação da informação com as oportunidades de emprego e comercialização, falta de serviços de crédito e incentivos, fraco sistema de gestão e organização, e outros.

Em suma, de entre as muitas causas da fraca eficácia dos programas da NFST, Coombs e Ahmed (1974: 145) mencionaram três pontos, nomeadamente os efeitos inibidores da uniformidade do tradicionalismo, a incapacidade de investigar suficientemente as necessidades de formação e as circunstâncias da clientela visada e a falta de apoio de acompanhamento aos formandos.

Em consonância com os problemas acima referidos, Burckhardt (1999:19) apresentou algumas soluções como recomendações que incluem conteúdos de formação necessários e baseados nas necessidades, e melhores práticas de organização e gestão devem ser exercidas nos centros de formação de competências, a fim de alcançar os objectivos dos programas de forma eficaz e eficiente.

1.5. O desenvolvimento de programas NFST na Etiópia

Como Agidew (1995:4) observou, a Etiópia é um dos únicos países do continente africano com um alfabeto próprio que remonta a 325 d.C. Estes autores também mencionaram que esta situação permitiu à Igreja Ortodoxa da Etiópia estabelecer um dos sistemas escolares mais antigos do mundo.

Até às últimas décadas, muitas igrejas e mosteiros eram importantes centros de formação desde a introdução do cristianismo. Assim, em 1893, o Imperador Menelik II emitiu uma proclamação sublinhando que as instituições religiosas deviam ensinar a arte de ler e escrever a todas as crianças com mais de 6 anos de idade. Em 1955, o Imperador Hile Sellassie também emitiu um aviso governamental no sentido de todos os cidadãos entre os 18 e os 50 anos deverem aprender as competências dos 3Rs (leitura, escrita e cálculo) (MdE, 1972:44). Em resultado da emissão destas e de outras proclamações processuais, os programas de alfabetização de adultos e de formação não formal de competências básicas foram encorajados e apoiados pelo governo.

Os programas de educação de adultos, de alfabetização e de formação de competências básicas na Etiópia foram iniciados de forma organizada na década de 1960 pelo governo, por agências não governamentais e por organismos religiosos (Agidew et al, 1995:5). Numa tentativa de coordenar esses programas, o governo criou a Divisão de Educação e Alfabetização de Adultos em 1967, no âmbito do departamento de educação formal do Ministério da Educação.

Relativamente à educação de adultos e à educação não formal, o programa foi considerado como uma componente importante da estratégia integrada de desenvolvimento educativo. Por isso, tinha como objetivo satisfazer as necessidades educativas das pessoas e servir para coordenar a educação com outro desenvolvimento rural (MdE, 1972: 8). O conteúdo do programa destinava-se a abordar a literacia funcional, as competências profissionais e o desenvolvimento social e cultural. Em geral, tratava-se de uma abordagem encorajadora de actividades de educação e formação não formais bem sucedidas.

Após a Revolução Etíope de 1974, o novo regime decidiu lançar uma campanha de alfabetização maciça a nível nacional e o Departamento de Educação de Adultos foi criado em 1979. Juntamente com a campanha, foram criados muitos centros NFST, como os Centros de Formação de Adultos (atualmente designados CSTC) nas zonas rurais, com o objetivo de fornecer e desenvolver tecnologias adequadas através de programas de formação não formal de competências. Na Etiópia, os CSTC foram oficialmente criados em 1975/76. De acordo com os documentos oficiais (MOE, 2000), os principais objectivos destes centros de formação eram dotar a população rural de conhecimentos, competências e atitudes para uma participação efectiva nos assuntos gerais de desenvolvimento do país.

O atual governo da Etiópia (ou seja, o FDRE), no âmbito do ETP aprovado em 1994, também sublinhou que o ensino não formal deve centrar-se na literacia, na numeracia, no ambiente, na agricultura, na saúde, no artesanato, etc. Para tal, o ESDP IH da Etiópia dá maior ênfase aos programas de educação de adultos e não formal que criam um terreno fértil para os programas de NFST para adultos e jovens com o objetivo de autoemprego e introdução de tecnologia apropriada em todo o país (MoE, 2005:18). Como parte dos programas de formação não formal, os centros rurais de TFN, como os CSTC, podem promover o desenvolvimento rural de várias formas. Mais especificamente, como afirmam (Mulate & Wolday, 2000: 104-105), os centros de formação não formal (ou seja, os CSTC) podem contribuir para a utilização de recursos disponíveis localmente como base para o desenvolvimento autossuficiente das aldeias, a produção e teste da adaptabilidade de ferramentas agrícolas simples e equipamento de mobiliário doméstico e dispositivos de poupança de energia, instrução de programas de alfabetização básica e funcional, formação de cooperativas como as MPE, e criação de oficinas comunitárias para fins de produção, bem como a criação de serviços de reparação e manutenção em algumas áreas rurais. Além disso, os centros de formação podem também contribuir para a sensibilização social e económica dos trabalhadores rurais, bem como dos operadores/praticantes de MPEs.

No entanto, como afirma Burckhardt (1999:20), os principais problemas dos CSTC para oferecerem programas de formação de competências não formais incluem: formação não orientada para a procura, mas sim para a oferta, falta de análise de mercado, ausência de competências adicionais necessárias, como competências comerciais, competências sociais não consideradas durante a seleção dos formandos, esquemas de crédito não facilitados, ligações fracas entre os centros e os organismos competentes de Woreda, falta de transparência durante a seleção dos formandos, etc. Pelo contrário, um CSTC normalizado tem de seguir certos passos na organização e gestão de programas de TFN orientados para o mercado. Os 10 passos indicados incluem a análise situacional, a análise de mercado, a avaliação das necessidades de formação, a análise institucional, o programa anual de formação, os critérios e procedimentos de seleção de formandos, o recrutamento de formadores, o currículo de formação, a gestão e o programa de formação, e a monitorização e avaliação (IIZ/DW, 2008:48).

1.5.1 Organização e gestão dos programas NFST na Etiópia

Muitos países, como o Botsuana e a Tailândia, têm o Departamento de Educação de Adultos e Não-formal, sob a tutela do Ministério da Educação, para organizar e gerir esses programas a nível central, mas agora existe a nível de Painel, com o nome de Painel de Educação de Adultos e Não-formal, sob a alçada do Departamento de Género e Desenvolvimento, para levar a cabo os programas de FNET a nível central. Em consonância com isto, vários países, incluindo a Etiópia, tentaram estabelecer uma estrutura de Comité de Coordenação a vários níveis administrativos, para que as comunidades beneficiárias possam participar nas actividades de organização e gestão dos programas de formação não formal (OESPO, 1999:25).

Além disso, na provisão de programas NFET, uma colaboração e coordenação íntima entre vários intervenientes é muito essencial, uma vez que a parceria pode mobilizar mais recursos para o programa. A este respeito, ao aperceber-se da importância e do significado da coordenação do programa, foi criado na Etiópia um Órgão Nacional de Gestão da Educação de Adultos e da Educação Não Formal a nível nacional/federal, com membros dos ministérios relevantes, incluindo o MOE, o MOARD, o MOH, o MOWA, o MOYS e o MOLSA (IIZ/DW, 2008: 37).

A organização e a gestão dos programas de formação não formal de competências tornam-se mais eficazes e eficientes se a maior parte das actividades for delegada ao nível regional ou distrital, em favor da participação ativa dos esforços dos vários prestadores de programas de formação, dos beneficiários e da comunidade. Na Etiópia, a governação dos CSTC que oferecem programas de formação de competências não formais varia de região para região. Por exemplo, os CSTC são geridos pela Agência TVET em Oromia, pela Comissão TVET em Tigrai, pela Agência MSEIP em Amhara e pelos REB nos restantes Estados Regionais do país (MOE, 200824).

1.5.2 . UMA VISÃO GERAL DA SITUAÇÃO DOS PROGRAMAS DA NFST NO ESTADO REGIONAL DE GAMBELLA

No âmbito do sistema federal do Governo da Etiópia, a educação e a formação são uma responsabilidade partilhada entre o Governo Federal, os Estados Regionais e os Conselhos Administrativos de Woreda. O Ministério da Educação presta apoio técnico e político aos Estados Regionais e gere o ensino universitário. Os Estados Regionais e os Conselhos de Woreda têm o mandato de gerir os programas formais e NFE (MOE, 2008:27). A ANRS é uma das nove regiões do país, que tem autoridade e responsabilidade consideráveis para exercer e executar as actividades através dos seus conselhos a nível Regional, Zonal, Wroeda e Kebele. Como resultado, a implementação do programa NFET é uma das actividades da Região.

Desde a formulação do PASDEP no país, a erradicação dos problemas do analfabetismo, da fome e da subnutrição e, por conseguinte, a manutenção do desenvolvimento sustentável da sociedade são objeto da devida preocupação. Como parte desta enorme tarefa, a provisão de educação básica, que é a área prioritária da política de educação e formação e uma questão-chave na estratégia de redução da pobreza, também obteve grande atenção na ANRS. Consequentemente, os programas de ENF, que incluem o ENFST para jovens e adultos, têm de ser disponibilizados para inverter a situação de analfabetismo e ajudar os jovens e os adultos a serem equipados com competências de resolução de problemas. Os programas que foram disponibilizados no âmbito do REB incluem a alfabetização de adultos e as competências artesanais e a formação em competências tecnológicas básicas/adequadas.

Os tipos de competências que a formação proporcionou foram fogões economizadores de combustível, costura, tricô, tecelagem, trabalho em metal, carpintaria e cerâmica, a fim de permitir que os grupos-alvo melhorassem as suas competências, aumentassem a sua participação social e beneficiassem de inovações tecnológicas adequadas (IIZ/DW, 2008:39).

Os participantes no grupo de discussão acreditam orgulhosamente no impacto positivo do programa de formação de competências na região e mencionaram a boa prática de grupos de mulheres organizados em associação em Itang woreda que têm o seu próprio negócio há três anos. Antes disso, estavam desempregadas, como muitas mulheres da região. Tinham poucas esperanças de ter o seu próprio rendimento.

Um curso de formação de competências organizado pelo IIZ/DW e pelo Centro de Formação de Competências Comunitárias de Itang (CSTC) trouxe uma oportunidade às suas vidas", diz o debatedor do grupo de discussão, eles participaram num curso de formação de três meses e meio sobre "fabrico de fogões economizadores de combustível no CSTC, que foi apoiado pelo então Gabinete de Projectos do IIZ/DW em Gambella. Aí aprenderam a fabricar e a comercializar fogões economizadores de combustível de longa duração. A orçamentação e a contabilidade receberam a mesma importância no calendário. O grupo de mulheres e as suas colegas adquiriram receitas não só para o fabrico de fogões economizadores de combustível e outras formações dadas, mas também para uma gestão bem sucedida. Foi dada especial atenção à formação de pequenas cooperativas.

Após a conclusão com êxito, as participantes receberam apenas algumas ferramentas importantes para iniciarem o seu próprio negócio. O grupo de mulheres organizadas convenceu amigos e familiares a juntarem-se a elas na abertura de uma sala de exposição e de uma loja de venda dos fogões produzidos. Atualmente, mais de uma família vive dos produtos dos fogões economizadores de combustível. As outras participantes também estão a viver do que aprenderam. Estão a produzir em conjunto fogões economizadores de combustível que vendem na área de exposição dos centros comunitários de formação de competências.

2. MATERIAIS E MÉTODOS

2.1. DESCRIÇÃO DA ZONA DE ESTUDO

O Estado Regional Nacional do Povo de Gambella é um dos nove estados regionais da República Democrática Federal da Etiópia e é também uma das regiões emergentes, localizada no extremo sudoeste da Etiópia. A região tem uma área total de aproximadamente 34.063 quilómetros quadrados ou 3.406.207 hectares de terra.

Administração: A região está dividida em três zonas, treze woredas e uma administração municipal. A zona Agnua é constituída pelos woredas de Gog, Abobo, Jor, Gambella e Dima: Jikaw , Lare , Makuey , Wanthowa e Akobo woredas e a zona de Mejang é constituída por : A zona Mejang é constituída pelos woredas de Godere e Mengeshi, para além do woreda especial de Itang e da cidade administrativa de Gambella, que compreendem um total de 258 kebeles rurais.

Fronteiras: A região partilha fronteiras com a região de Oromiya, a norte; com o Estado Regional dos Povos da Etiópia do Sul (SNNPRS) e com a República do Sudão do Sul, a sul; com Oromiya e SNNPRS, a leste; e com a República do Sudão do Sul, a oeste.

População: Gambella é uma região multiétnica, com cinco grupos étnicos indígenas, nomeadamente: Agnua, Nuer, Megang, Komo e Opo; para além disso, outras nacionalidades e povos que são colonos e provenientes de terras altas vivem juntos em colaboração, em harmonização e sincronização. De acordo com o relatório CSA 2007, a população da região está estimada em 306.917 pessoas. 74,6% da população vive em zonas rurais e 25,4% em zonas urbanas. Em termos de composição por sexo, 52% são homens e 48% são mulheres.

2.2. Conceção da investigação

O objetivo do estudo era avaliar o estado dos programas de formação de competências não formais oferecidos nos centros comunitários de formação de competências no estado regional de Gambella. Além disso, foi utilizado um modelo de inquérito descritivo, uma vez que este método é adequado para recolher informações de um número relativamente grande de inquiridos (Cresswell, 2003). Além disso, a conceção ajuda a identificar as principais práticas, opiniões, sugestões e comentários relativos à questão em estudo. Do mesmo modo, Kothari (2004) afirmou que os estudos de investigação descritiva são os estudos que se preocupam em descrever as características de um determinado indivíduo ou de um grupo de inquiridos.

2.3. Fontes de dados

Os dados necessários para o estudo foram recolhidos/obtidos a partir de fontes primárias e secundárias. As fontes primárias referem-se a indivíduos ou organizações de onde a informação teve origem direta como resultado do problema específico em estudo.

As fontes primárias neste estudo incluíram o chefe do gabinete regional de educação, especialistas em educação não formal do gabinete regional de educação, especialistas em educação não formal do woreda, supervisores de educação não formal do woreda, antigos coordenadores de centros de formação de competências comunitárias, indivíduos formados no programa de formação de competências comunitárias. As fontes de dados secundários incluíram registos, boletins e fontes da Internet sobre os centros comunitários de formação de competências e outros relatórios valiosos dos centros.

2.4. Dimensão da amostra e técnicas de amostragem

A população da amostra do estudo foi obtida em três dos nove Woredas existentes na região. Foram incluídos no estudo três centros comunitários de formação de competências (um de cada woreda), um chefe de gabinete regional, quinze especialistas em educação não formal do gabinete regional de educação, quinze especialistas em educação NFE do woreda (cinco de cada), seis supervisores (dois de cada), cinco antigos coordenadores de centros comunitários de formação de competências, 39 indivíduos formados no programa comunitário de formação de competências. Isto é apresentado no quadro 1.

QUADRO: 1 POPULAÇÃO E AMOSTRA SELECCIONADA

No	Item	population	Sample
1.	Woredas	12	3
2.	CSTCs of targeted Woredas	3	3(1 from each)
3.	coordinators of sampled center	3	3(1 from each)
4.	Regional education bureau head	1	1
5.	Region NFE experts	74	15(5 from each)
6.	WEONFE experts	15	15(5 from each)
7.	WEONFE supervisors	6	6(2 from each)
8.	Former community skills training centers coordinators	6	5
9.	graduate of community skills training centers	98	39 (13 from each)

No que diz respeito às técnicas de amostragem, os Woreda e os centros comunitários de formação de competências foram seleccionados utilizando a técnica de amostragem intencional com base na acessibilidade limitada dos CSTC na região. Da mesma forma, o chefe do gabinete regional de educação, os especialistas em educação não formal do gabinete regional de educação, os especialistas em educação não formal do gabinete de educação de woreda, os supervisores de educação não formal de woreda foram escolhidos com base em técnicas de amostragem intencional, em referência às suas responsabilidades nas actividades educativas devido à sua jurisdição. Ou seja, têm uma relação direta com as questões em estudo e podem dar a sua opinião e partilhar as suas experiências.

A validade de tal amostra depende da solidez do julgamento de quem selecciona a amostra (Kothari, 2004). Os CSTC foram seleccionados através de amostragem intencional porque não havia mais de três centros comunitários na região. Os supervisores dos CSTCs foram seleccionados através de amostragem por disponibilidade, porque o seu número não era elevado.

De acordo com Sharma (2008), a amostragem por disponibilidade é utilizada quando essas populações são utilizadas como amostras.

O chefe do gabinete regional de educação, os peritos regionais em educação não-formal, os antigos coordenadores dos centros comunitários de formação de competências, os supervisores WEONFE e os peritos do gabinete de educação woreda em educação não-formal/WEONFE/ foram seleccionados por amostragem de disponibilidade. Os indivíduos formados foram seleccionados através de uma amostragem aleatória simples, porque a amostragem aleatória oferece a todos e a cada um dos elementos da população a mesma possibilidade de inclusão na amostra (Kothari, 2004).

QUADRO: 2. WOREDAS E CENTROS INCLUÍDOS NA AMOSTRA

No	Woredas	Centers
1	Itang	Itang
2	Gambella	Gambella
3	Godare	Godare

N.B. Todos os centros estão localizados nas principais cidades dos Woredas respeitados.

2.5. Método de recolha de dados

Foram aplicadas diferentes técnicas de recolha de dados para recolher dados primários e secundários, incluindo entrevistas individuais com a ajuda de questionários semi-estruturados. O outro método aplicado na recolha de dados foi a observação direta. Os investigadores também visitaram os matadouros e as lojas onde os couros e as peles eram armazenados.

2.6. Métodos de análise de dados

No estudo, os dados recolhidos foram categorizados de acordo com as suas semelhanças e apresentados em forma de tabela. Além disso, a frequência e a percentagem foram utilizadas em conformidade para analisar os dados. Uma vez analisados os dados, estes são interpretados e discutidos. Por outro lado, os dados obtidos nas discussões dos grupos de centragem e nas entrevistas foram transcritos e analisados para fundamentar a informação quantitativa. Os dados recolhidos a partir da observação foram analisados para fundamentar a informação qualitativa (no caso do estatuto do centro de formação de competências da comunidade).

3. RESULTADOS E DISCUSSÃO

3.1. CARACTERÍSTICAS DOS INQUIRIDOS

Como principal fonte de informação, os inquiridos deste estudo foram os funcionários da educação que têm responsabilidade direta pelo programa NFST, tais como o chefe do gabinete regional de educação, os especialistas em educação não formal do gabinete regional de educação, os especialistas em educação não formal do gabinete de educação de Woreda e os antigos coordenadores dos CSTC, os supervisores de educação não formal do gabinete de educação de Woreda e os membros dos beneficiários do programa de formação de competências.

Como se pode observar na tabela 4.1, acima, pode entender-se que entre os peritos regionais em educação não formal e os peritos da WEONFE não havia uma melhor composição de género (mix) na atribuição dos funcionários da educação. (Especialistas regionais e woreda em ENF) e supervisores de ENF.

TABELA: 3 SITUAÇÃO ACTUAL DOS PROGRAMAS NFST OFERECIDOS NOS CSTCS EM

Common Attributes		Types of Respondents						
		Regional education	Region NFE experts	WEONFE	WEONFE supervisor	coordinators of sampled	Former community skills training centers	graduate of CSTCs
Sex	M	1	1	10	6	3	5	7
	F	-	-	5	-	-	-	32
	T	15	15	15	6	3	5	39
Age	Below 20	1	-	-	-	-	-	-
	20-30	-	-	-	-	-	-	-
	31-40	-	3	5	4	2	-	31
	41-50	-	12	8	1	1	4	5
	Above 50	-		2	1		1	3
	Total	1	15	15	6	3	5	39
Level of Education	Below grade 8	-	-	-	-	-	-	31
	Grade10/11	-	-	-	-	-	-	8
	TTI/TVT	-	-	-	-	1	-	-
	Diploma			11	4	2	4	-
	Degree &above	1	15	4	2		1	39
	Total	1	15	15	6	3	5	-

Service Years								
	1-5	-	-	2	-	-	-	33
	6-10	-	-	3	3		1	6
	Above 10	1	-	10	3	3	4	-
	Total	1	-	15	6	3	5	39

GNRS.

No âmbito da situação dos programas de TSNF, os objectivos dos CSTC, o interesse do pessoal em trabalhar, a aquisição de conhecimentos e formação, os tipos de grupos-alvo e a formação de competências, a atitude das comunidades e dos beneficiários, o envolvimento das partes interessadas no apoio aos programas e outras questões semelhantes foram abordados para analisar e interpretar os dados recolhidos através de métodos quantitativos e qualitativos. Assim, as questões foram indicadas em diferentes quadros, como se segue.

TABELA: 4 DISPONIBILIDADE DE MANUAIS DE FORMAÇÃO, CRITÉRIOS DE SELECÇÃO DOS TIPOS DE COMPETÊNCIAS E OUTROS PROGRAMAS DE FORMAÇÃO

S.N	Items	Options/alternatives /	Frequency	%
1.	How do you rate the availability of training materials and trainers guide at the CSTC?	Adequate	6	20
		Not adequate	15	50
		Not available	9	30
		Total	30	100
2.	How are the trainees selected?	By the orders given from top hierarchies	12	40
		By their own request	10	33.3
		By the request of Kebele councils	8	26.7
		Total	30	100
3.	What are the selecting criteria of the types of skills and other training programs provided in CSTC?	Target groups and community needs	6	20
		Availability of raw materials and equipment	13	43.4
		Availability of trainers	7	23.3
		High accessibility of market	4	13.3
		Total	30	100
4.	The condition for recruitment of the CSTC trainers is:	Permanent	7	23.3
		Contract	15	50
		Part time	8	26.7
		Total	30	100

O quadro 4.2 apresenta a disponibilidade de materiais de formação e de guias de formadores no CSTC, a seleção dos formandos, os critérios de seleção dos tipos de competências e de outros programas de formação fornecidos no CSTC e as condições de recrutamento dos formadores do CSTC.

Como se pode observar na tabela 4, 15 (50%) dos inquiridos responderam que a disponibilidade de materiais de formação e de guias do formador no CSTC não era adequada. 9 (30%) dos inquiridos concordaram que os materiais não estavam disponíveis. Por outro lado, apenas 6 (20%) responderam que a disponibilidade de materiais de formação e de guias do formador no CSTC era adequada. Relativamente aos métodos de seleção dos formandos, 12 (40%) responderam que o método de seleção dos formandos era conduzido pelos decisores de topo. 10 (33,3%) dos inquiridos responderam que a seleção dos formandos foi realizada com base no pedido dos formandos. Poucos 8 (26,7) dos inquiridos responderam que a seleção era feita a pedido dos conselhos de Kebele.

Como se pode observar a partir dos dados obtidos na tabela acima, os decisores de topo são os organismos cruciais que podem decidir quem deve ser selecionado, dominando os organismos que têm acesso a selecionar os indivíduos necessitados e visados. Por outro lado, se a seleção não fosse feita corretamente (com base nas necessidades), os grupos-alvo que teriam de ser beneficiários do programa não poderiam ser identificados, o que levaria os organismos doadores e o governo a desperdiçar recursos humanos, dinheiro e tempo.

Como se pode observar no item 3 da tabela acima, os critérios de seleção dos tipos de competências e outros programas de formação fornecidos no CSTC 13 (43,4%) dos inquiridos responderam que o critério de seleção se baseava na disponibilidade de matérias-primas e equipamento. 7 (23,3%) dos inquiridos responderam que o critério de seleção se baseava na disponibilidade de formadores e 6 (20%) dos inquiridos responderam que o critério se baseava nos grupos-alvo e nas necessidades da comunidade.

Grupos-alvo e necessidades da comunidade. Apenas 4 (13,3) dos inquiridos responderam que os critérios de seleção se baseavam na elevada acessibilidade do mercado, o que revela que os critérios de seleção foram conduzidos com base na disponibilidade de matérias-primas e não com base nas necessidades, o que foi vital para o sucesso da implementação do programa. No que diz respeito às condições de recrutamento dos formadores do CSTC, 15 (50%) dos inquiridos responderam que o recrutamento dos formadores se baseava em contratos e 8 (26,7%) dos inquiridos responderam que as condições de recrutamento dos formadores do CSTC se baseavam em tempo parcial. Por outro lado, poucos 7 (23,3%) dos inquiridos responderam que o recrutamento se baseava no recrutamento permanente.

A tabela acima revela que os materiais e manuais de formação encontrados nos centros comunitários de formação de competências não eram adequados. Além disso, não se pode prever que, sem materiais e manuais de formação, não haverá qualidade na formação oferecida no centro. Da mesma forma, o critério de seleção baseou-se na disponibilidade de matérias-primas e equipamento, o que indica que a formação oferecida não se baseava nas necessidades. Por conseguinte, para atingir o objetivo pretendido com a formação ministrada nos CSTC, os critérios de seleção devem basear-se nas necessidades.

TABELA:5 RESPOSTAS DE CLASSIFICAÇÃO SOBRE AS PERSPECTIVAS DAS COMUNIDADES EM RELAÇÃO AOS CENTROS COMUNITÁRIOS DE FORMAÇÃO DE COMPETÊNCIAS

Activities	Rating scores									
	VL		L		M		H		VH	
	F	%	f	%	F	%	f	%	F	%
1. The attitude of the communities towards trainees and the training centers	9	30	13	43.3	3	10	4	13.3	1	3.3
2. The awareness of trainees towards the skill training programs in CSTCs	4	13.3	13	43.3	3	10	8	26.7	2	6.7

3. The overall contribution of skills training programs of CSTCs to facilitate and improve community development in general, and individual's life in particular	2	6.7	4		13.3	6	20	8	26.7	10	33.3

Conforme ilustrado no item "1" da Tabela 4.3, a atitude das comunidades em relação aos formandos e aos centros de formação 13 (43,3%) dos inquiridos responderam que a atitude das comunidades era baixa e 9 (30%) que a atitude da comunidade era muito baixa. Por outro lado, muito poucos dos inquiridos, ou seja, 1 (3,3%) respondeu que a atitude era muito elevada. A partir das respostas obtidas na tabela acima, pode concluir-se que a atitude da comunidade em causa foi baixa em relação à atitude positiva face aos formandos e aos centros de formação.

Como se pode observar no item "2", 13(43,3%) dos inquiridos responderam que a sensibilização dos formandos para os programas de formação de competências nos CSTC era baixa e 8(26,7%) dos inquiridos responderam que a sensibilização da comunidade para o programa de formação de competências era alta. 4 (13,3%) dos inquiridos responderam que a sensibilização da comunidade era muito baixa. Pelo contrário, 2 (6,7%) responderam que era muito elevada.

As respostas acima revelam que a consciencialização da comunidade em relação aos programas de formação de competências nos CSTCs era baixa e indica que poderia haver necessidade de um grande empenho dos decisores para fazer a criação de consciencialização através de formações, seminários, simpósios e painéis de discussão. De acordo com o item "3", 10 (33,3%) dos inquiridos responderam que a contribuição global dos programas de formação de competências dos CSTC para facilitar e melhorar o desenvolvimento da comunidade em geral e a vida dos indivíduos em particular foi muito elevada. Enquanto 2 (6,7%) responderam que a contribuição global dos programas de formação era muito baixa, respetivamente.

A partir das respostas acima, pode-se entender que a contribuição vital dos programas de treinamento de habilidades comunitárias para a comunidade em geral e para os indivíduos em particular na redução da pobreza e na melhoria da vida individual foi inquestionável.

Os resultados das entrevistas com os supervisores e o grupo de peritos dos gabinetes de educação dos woreda e as observações directas nos CSTC indicam que a falta de mão de obra qualificada, o baixo orçamento, a falta de formação e de tecnologia actualizada e a menor atenção dos organismos competentes limitaram a capacidade dos CSTC para aplicar medidas eficazes de atenuação, preparação, resposta rápida e recuperação. Além disso, verificou-se que a atual política de educação da Etiópia não se pronuncia sobre a prestação de contas, a responsabilidade e a coordenação do PNST. Por conseguinte, é imperativo que o governo regional, as ONG e a comunidade trabalhem arduamente para enfrentar estes desafios, a fim de tornar mais sustentável o mecanismo de resposta aos desafios acima indicados.

O debatedor do grupo de discussão do woreda de Godere também reforçou a mesma ideia ao mencionar as suas práticas. Há três anos, estavam desempregados, mas depois receberam formação durante três meses. Todos eles têm entre 25 e 30 anos de idade e são chefes de família com 3 a 4 membros. Alguns deles tinham abandonado a escola na 8ª classe e outros na 10ª classe por falta de assistência e viviam na pequena cidade de

Godere, na zona de Mejangire, na região de Gambella. Como não têm terra nem gado, alguns deles costumavam apanhar café na altura da colheita e outros trabalhavam como diaristas.

Quando havia oportunidades, alguns deles também trabalhavam como ajudantes de carpinteiros em oficinas de carpintaria, ganhando apenas quatro ou cinco Birr por dia, que era a única fonte de rendimento da família. O dinheiro era insuficiente para alimentar os filhos e para os mandar à escola. Por isso, os filhos tiveram de ir viver com os avós e os parentes para uma aldeia rural longe da família. Depois de terem terminado uma formação de três meses no CSTC de Godere, seis deles receberam formação num curso de soldadura e de técnicas de trabalho com madeira organizado pelo DW do CSTC de Godere. Com a ajuda do CSTC, tomaram a iniciativa de arranjar um emprego. Todos eles estavam desempregados anteriormente.

Produção de mobiliário doméstico e escolar no CSTC de Godere Desde há três anos que vêm regularmente preparar mobiliário doméstico, bancos escolares, secretárias, mesas e pequenos bancos. De momento, podem utilizar as ferramentas e as máquinas de soldar do CSTC mediante aluguer.

O município de Godere woreda já lhes cedeu um local na cidade para estabelecerem uma oficina. Uma parte do pagamento é retida pelo município para a compra de uma máquina de soldar e de algumas ferramentas para apoiar a sua futura empresa. Entretanto, estão a procurar ativamente o próximo local de trabalho.

A partir da discussão acima, pode observar-se que os "CSTC", que devem proporcionar uma formação sistemática em competências a pessoas desfavorecidas do ponto de vista educativo em ambientes geográfica e socioeconomicamente diversos, principalmente nas zonas rurais, têm um grande contributo para aliviar a pobreza e melhorar a vida da comunidade em geral e a vida individual em particular. Além disso, é fundamental que os formandos se tornem aprendentes adultos inteligentes. Devido à rápida evolução da tecnologia no local de trabalho e nos locais de ensino, os formandos são desafiados a encontrar ferramentas novas e úteis para se adaptarem a estes avanços, tanto nos conteúdos como nos processos de trabalho.

TABELA: 4.4. ENVOLVIMENTO DAS PARTES INTERESSADAS NOS PROGRAMAS DOS CENTROS COMUNITÁRIOS DE FORMAÇÃO DE ASSASSINOS

No	Items	Rating Scores									
		Very week		Week		Medium		Strong		Very strong	
		F	%	f	%	f	%	f	%	F	%
1.	The participation of local community in the training programs of CSTCs	6	20	14	46.7	4	13.3	5	16.7	1	3.3
2.	The involvement of NGOs to support the training programs in CSTC	1	3.3	6	20	8	26.7	12	40	3	10
3.	The support of the government (Regional, Zonal, and Woreda levels) for skill training programs in CSTC	11	36.7	6	20	10	33.3	3	10	-	-
4.	Trainees' involvement in the planning of skills training programs	10	33.3	5	16.7	5	16.7	8	26.7	2	6.6

Como se pode observar na tabela 4.4, a participação da comunidade local nos programas de formação dos CSTC 14 (46,7%) discordam, 6 (20%) dos inquiridos discordam fortemente, 4 (13,3%) dos inquiridos concordam com a questão e muito poucos 1 (3,3%) dos inquiridos concordam fortemente com a questão mencionada.

A partir do resultado destes dados, pode concluir-se que não há uma participação significativa da comunidade local nos programas de formação. Em relação ao envolvimento das ONGs para apoiar os programas de formação nos CSTCs, 12 (40%) dos inquiridos concordam que o envolvimento das ONGs para apoiar os programas de formação foi melhor do que qualquer uma das opções dadas no item "2". Relativamente ao envolvimento do governo (níveis Regional, Zonal e Woreda) nos programas de formação de competências nos CSTCs, 11 (36,7%) dos inquiridos discordam fortemente de que não houve um envolvimento significativo dos organismos governamentais em relação ao apoio geral dos programas de formação de competências comunitárias, 10 (33,3%) dos inquiridos responderam que é médio, 6 (20%) dos inquiridos discordam da questão.

A resposta dos inquiridos ao mesmo item revela que 3 (10%) dos inquiridos concordam com o envolvimento do governo nos programas. Isto revela que não houve envolvimento do governo nos programas de formação de competências não formais implementados na região. Em relação ao envolvimento dos formandos no planeamento dos programas de formação de competências, 10 (33,3%) dos inquiridos discordam que os formandos não foram envolvidos no planeamento dos programas de formação de competências, enquanto que alguns dos inquiridos 2 (6,6%) concordaram com as questões relacionadas com o envolvimento dos formandos no planeamento dos programas.

Assim, como o resultado revela, não há uma participação significativa da comunidade local nos programas de formação. Estes procuram o grande empenho do governo regional, dos funcionários da educação regional e do woreda para sensibilizar a comunidade e apoiar a implementação do programa

O envolvimento das ONG para apoiar os programas de formação foi relativamente melhor do que o de qualquer outro organismo da região. Apesar do seu envolvimento, não se registou até agora uma contribuição significativa em relação aos programas de formação de competências não formais, que carecem da integração do governo e de outras partes interessadas. Por isso, o governo regional, juntamente com os funcionários da educação da região e do woreda, devem coordenar e trabalhar para atingir o objetivo pretendido do programa

QUADRO: 6 A ORGANIZAÇÃO ACTUAL E QUESTÕES DE GESTÃO

S.N	Items	Options/alternatives	Frequency	%
1.	Who are the participants in planning skills training programs in CSTC?	Regional education bureau	3	10
		Zonal education department	2	6.7
		Woreda educational office	10	33.3
		Trainees	3	10
		Coordinators of CSTC	12	40
		Total	30	100
2.	Are there practices or experiences of monitoring and evaluation in the training programs of CSTC?	Yes	3	10
		No	27	90
		Total	30	100
3.	Whose responsibility is the monitoring and evaluation of the training programs conducted at CSTC?	REB	3	10
		ZED	4	13.3
		WEO	15	50
		Trainers	2	6.7
		CSTC Coordinators	6	20
		Total	30	100

4	Is there continuous assessment conducted so far on the training programs?	Yes	12	40
		No	18	60
		Total	30	100
5	Is there an organizational structure of CSTC which is clear, convenient and conducive for working environment?	Yes	18	60
		No	12	40
		Total	30	100

De acordo com o item 'T' da Tabela 4.5, 12 (40%) dos inquiridos, os participantes no planeamento dos programas de formação de competências no CSTC eram os Coordenadores do CSTC. Isto indica a ausência de grupos-alvo no planeamento dos programas que, sem o envolvimento dos grupos-alvo, não seriam alcançados.

Em relação às práticas ou experiências de monitorização e avaliação dos programas de formação dos CSTCs, 27 (90%) dos inquiridos revelam que não houve monitorização e avaliação dos programas de formação, nem pelos especialistas ou chefes de gabinete dos gabinetes de educação dos woreda, nem pelos regionais. Como se pode observar na mesma tabela, a responsabilidade de monitorizar e avaliar os programas era dos gabinetes de educação dos woreda. Mas, como foi dito acima, nenhum acompanhamento e avaliação foram feitos pelos especialistas e supervisores de educação não formal do woreda. Isto é, como foi observado a partir da atual estrutura organizacional do gabinete de educação woreda, não há nenhuma indicação que revele a conexão ou estrutura organizacional clara da educação não formal em geral e dos programas de formação de competências comunitárias em particular. Isto indica claramente a pouca atenção dada pelos organismos competentes a todos os níveis da região.

A partir da tabela acima, podemos compreender que os governos regionais, juntamente com os funcionários da educação, as ONG locais, as ONG internacionais, as comunidades, etc., têm de começar a intervir para ultrapassar o problema encontrado, dando mais ênfase à consecução do objetivo pretendido do programa.

TABELA:7 PERSPECTIVAS DOS PROGRAMAS DE FORMAÇÃO NOS CENTROS COMUNITÁRIOS DE FORMAÇÃO DE COMPETÊNCIAS

No	The prospects of Organizations and Management Functions	Rating scores									
		Strongly Disagree		Disagree		Neutral		Agree		Strongly agree	
		F	%	F	%	F	%	f	%	f	%
1.	Coordination of regional, zonal and woreda management committee to perform CSTC programs	4	13.3	5	16.7	13	43.3	7	23.3	1	3.3
2.	Relationship among the regional, zonal and woreda levels concerned bodies and CSTC for skills training programs	3	10	6	20	13	43.3	7	23.3	1	3.3
3.	Overall effectiveness of the organization and management of skills training programs in CSTC	3	10	4	13.3	13	43.3	8	26.7	2	6.7

| 4. | Appropriateness of organizational structure of CSTC to perform its tasks | 5 | 16.7 | 15 | 50 | 7 | 23.3 | 2 | 6.7 | 1 | 3.3 |

A Tabela:7 acima mostra que 13 (43,3%) dos inquiridos nos itens "1,2 e 3", respetivamente, concordam com a Coordenação do comité de gestão regional, zonal e woreda para executar os programas do CSTC, a Eficácia geral da organização e gestão dos programas de formação de competências no CSTC e a Relação entre os organismos regionais, zonais e woreda e o CSTC para os programas de formação de competências são médias. Isto indica que, para atingir e alcançar o resultado necessário do programa de competências comunitárias esperado, devem ser feitos grandes esforços no futuro. Em relação à adequação da estrutura organizacional do CSTC para realizar as suas tarefas, 15 (50%) dos inquiridos discordam que não há estruturas organizacionais que ajudem a realizar a educação não formal em geral e os programas de formação de competências comunitárias em particular. Em geral, todos os problemas acima referidos podem afetar as perspectivas dos programas de formação de competências não formais.

De acordo com os dados obtidos através de uma entrevista com um dos representantes dos serviços regionais de educação:

> Existe um plano que visa a criação de centros-modelo de formação de competências (principalmente centros comunitários de formação de competências/CSTC, centros de formação profissional/VTC, *centros* rurais de TVET - *em resumo, designados por CSTC) em ambientes geográfica e socioeconomicamente diversos, a fim de proporcionar uma formação sistemática de competências às pessoas da região desfavorecidas do ponto de vista educativo, principalmente nas zonas rurais (18 de março de 2012).*

Os modelos de CSTC destinam-se a:

Criar CSTC e fornecedores de formação eficaz oficialmente reconhecidos;

Organizar os Centros com uma estrutura organizacional clara, transparente e propícia, com mão de obra qualificada, financiamento, equipamento, materiais de formação e de informação e práticas inovadoras, e pontos focais para a formação contínua e a partilha de experiências para os planeadores de programas de educação de adultos e não formal ou de formação profissional, administradores, coordenadores e formadores de outros CSTCs, expandindo assim o programa a todas as respectivas woredas da região.

Para pôr em prática este programa, o gabinete regional de educação lançou a formação de educadores de adultos em cursos regulares em Bahirdar e em programas de serviço na licenciatura na Universidade de Ambo. Como resultado, 2 licenciados em educação de adultos foram colocados no gabinete regional de educação para reforçar o programa e mais de dez deles já estão inscritos no programa de ensino superior.

Esta resposta indica que existe a ideia de reforçar o programa num futuro próximo nas regiões, pelo que o governo regional, juntamente com as ONG, as comunidades e os responsáveis regionais e do woreda pela educação, têm de se empenhar.

O Comissário alargou ainda o seu debate sobre as perspectivas dos CSTC: existem diferentes programas de formação centrados na redução da pobreza, na formação de competências formais e não formais, tais como os programas TVET, HE e AE, durante a implementação existem alguns obstáculos devido à falta de sensibilização e integração, o que requer a atenção dos decisores políticos e o estabelecimento de uma nova estratégia para a situação atual.

Da mesma forma, o antigo perito regional em educação não formal, que foi informador-chave, partilha a ideia acima e afirma que

> Os programas de alfabetização funcional de adultos em geral e os CSTC em particular têm contribuído muito para a redução da pobreza. Para expandir este programa útil, espera-se que os decisores políticos concebam uma estratégia de abordagem integrada (18 de março de 2012)

A partir da discussão acima, pode-se antecipar a importância valiosa da coordenação do comité de gestão regional, zonal e woreda para executar os programas do CSTC, a eficácia geral da organização e gestão dos programas de formação de competências no CSTC e a relação entre os organismos regionais, zonais e woreda em causa e o CSTC para os programas de formação de competências.

Estes indicam que, para atingir e alcançar o resultado necessário do programa de competências comunitárias esperado, devem ser feitos grandes esforços no futuro. Relativamente à adequação da estrutura organizacional do CSTC para realizar as suas tarefas, não existem estruturas organizacionais claras e transparentes que ajudem a realizar a educação não formal em geral e os programas de formação de competências comunitárias em particular.

Em suma, todos os problemas acima referidos podem afetar as perspectivas dos programas de formação não formal de competências. Existe um plano que visa a criação de centros-modelo de formação de competências (principalmente centros comunitários de formação de competências/CSTC, centros de formação profissional/VTC, centros rurais de TVET - em resumo, designados por CSTC) em ambientes geográfica e socioeconomicamente diversos, a fim de proporcionar uma formação sistemática de competências às pessoas da região com dificuldades educativas, principalmente nas zonas rurais. Os modelos de CSTC têm por objetivo Organizar os Centros com uma estrutura organizativa clara, transparente e favorável, com recursos humanos qualificados, finanças, equipamento, materiais de formação e de informação e práticas inovadoras, e pontos focais para a formação contínua e a partilha de experiências para os responsáveis pelo planeamento da educação de adultos e não formal ou da formação profissional

programas, administradores, coordenadores e formadores de outros CSTCs, expandindo assim o programa a todos os respectivos woredas da região.

Para pôr em prática este programa, o gabinete regional de educação lançou a formação de educadores de adultos em cursos regulares em Bahirdar e em programas de serviço na licenciatura na Universidade de Ambo. Como resultado, 2 licenciados em educação de adultos foram colocados no gabinete regional de educação para reforçar o programa e mais de dez deles já estão inscritos no programa de ensino superior. Esta resposta indica que existe a ideia de reforçar o programa num futuro próximo na região. Apesar de todos os objectivos planeados acima, nada foi praticado e implementado até agora. Por conseguinte, todos os organismos competentes da região devem começar do zero para implementar o plano previsto.

Além disso, no que diz respeito às perspectivas dos PTRC, é necessária a atenção dos decisores políticos e a definição de uma nova estratégia para a situação atual, pelo que a conceção de uma estratégia de abordagem integrada é muito esperada pelos decisores políticos.

QUADRO:8 SITUAÇÃO ACTUAL DOS CONTEÚDOS E PROCEDIMENTOS ADMINISTRATIVOS

No	The status of Administrative Contents and Procedures	Rating scores									
		Very poor		poor		Medium		strong		Very strong	
		F	%	f	%	f	%	F	%	f	%
1.	Resources management ability in the center	4	13.3	8	26.7	10	33.3	5	16.7	3	10
2.	Activity of needs assessment before training	2	6.7	5	16.7	14	46.7	6	20	3	10
3.	Existence of target groups identification	3	10	7	23.3	11	36.7	7	23.3	2	6.7
4.	Level of trainees encouragement	5	16.7	11	36.7	9	30	4	13.3	1	3.3
5.	Level of coordination between trainees, trainers and coordinators of CSTSs	5	16.7	10	33.3	6	20	6	20	3	10
6.	Level of flexibility in admission criteria and training time schedules	6	20	9	30	6	20	8	26.7	1	3.3
7.	Presence of clearly defined authorities, duties and responsibilities of tasks	3	10	12	40	6	20	4	13.3	1	3.3
8.	Effectiveness, efficiency and flexible administrative structure	4	13.3	12	40	5	16.7	5	16.7	4	13.3
9.	Existence of clear administrative and accounting procedures	3	10	12	40	9	30	3	10	3	10
10.	Level of clear authority delegation practices	5	16.7	14	46.7	7	23.3	3	10	1	3.3
11.	Level of relationships and accessibility in the managerial hierarchy	7	23.3	10	33.3	8	26.7	3	10	2	6.7
12.	Presence of supportive guidelines, rules, regulations,...etc	8	26.7	13	43.3	7	23.3	1	3.3	1	3.3

Como indicado na mesma tabela de itens (7,8,9,10 &12), a falta de presença de directrizes de apoio, regras, regulamentos, eficácia, eficiência e estrutura administrativa flexível, a falta de existência de procedimentos administrativos e contabilísticos claros, o nível de práticas claras de delegação de autoridade, a adequação de autoridades claramente definidas, deveres e responsabilidades das tarefas dos CSTC foram os cinco principais problemas respondidos por 40%, 40%, 40% 46,7% e 43,3% do total de 30 inquiridos e encontram-se na primeira (1ª) ordem de classificação. Além disso, todos os chefes e peritos dos gabinetes regionais e os peritos em educação não formal dos gabinetes de Woreda, através das perguntas da entrevista, revelaram que todos concordam que os pontos acima mencionados são os principais problemas dos centros de formação.

Como se pode observar na Tabela 9 dos itens (1, 3, 4, 5, 6, 11 e 12), questões como o Nível de relações e acessibilidade na hierarquia de gestão, o Nível de coordenação entre formandos, formadores e coordenadores dos CSTS, o Nível de flexibilidade nos critérios de admissão e horários de formação e o Nível de encorajamento dos formandos foram apresentadas a 30 inquiridos. Assim, do total dos 30 inquiridos, 20%, 23,3%, 23,3%, 26,7%, 26,7%, 36,7%, 33,3%, 30% e 33.3% responderam que o nível de relações e de acessibilidade na hierarquia de gestão, o nível de coordenação entre formandos, formadores e coordenadores dos CSTS, o nível de flexibilidade nos critérios de admissão e nos calendários de formação e o nível de encorajamento dos formandos eram inadequados; A presença de orientações, regras e regulamentos de apoio, a existência de uma identificação dos grupos-alvo, o nível de flexibilidade dos critérios de admissão e dos horários de formação, o nível de relações e de acessibilidade na hierarquia de gestão e a capacidade de gestão dos recursos do centro são os principais constrangimentos que afectam os programas dos CSTC, que se situam entre 2nd e 7th , respetivamente.

Além disso, as respostas do chefe do gabinete regional de educação e dos supervisores do gabinete de educação de Woreda, através das perguntas da entrevista, revelaram que o nível adequado de relações e acessibilidade na hierarquia administrativa, o nível de coordenação entre formandos, formadores e coordenadores dos CSTS, o nível de flexibilidade nos critérios de admissão e nos horários de formação e o nível de encorajamento dos formandos; a presença de directrizes de apoio, regras, regulamentos, a existência de identificação de grupos-alvo, na hierarquia administrativa e a capacidade de gestão de recursos nos centros de formação são muito importantes para alcançar com êxito as metas e os objectivos do programa dos centros de formação. De outro modo, é muito difícil tornar os programas de formação eficazes e bem sucedidos sem elementos como as informações obtidas dos entrevistados.

QUADRO 4.8. PRINCIPAIS PROBLEMAS DOS CENTROS COMUNITÁRIOS DE FORMAÇÃO DE COMPETÊNCIAS PARA OFERECER PROGRAMAS NÃO FORMAIS DE FORMAÇÃO DE COMPETÊNCIAS

No.	FACTORS AFFECTING PROSPECTS OF INSTITUTIONAL CAPACITY	RATING SCORES									
		VERY LOW		LOW		MEDIUM		HIGH		VERY HIGH	
		F	%	F	%	F	%	F	%	f	%
1.	Availability of adequate facilities in the center	6	20	4	13.3	11	36.7	6	20	3	10
2.	Coordinator' ability to manage and organize the programs of CSTCs.	5	16.7	4	13.3	15		4	13.3	2	6.7
3.	Availability of training materials and equipment	4	13.3	8	26.7	11	36.7	6	20	1	3.3
4.	Level of budget allocations to the center	6	20	10	33.3	8	26.7	3	10	3	10
5.	Man power assignment as the structure to the training center	4	13.3	12	40	9	30	4	13.3	1	3.3
6.	Availability of raw materials	6	20	9	30	13	43.3	1	3.3	1	3.3
7.	Presence of modern training machines/equipment	18	60	7	23.3	3	10	1	3.3	1	3.3
8.	Presence of qualified and experienced trainers	7	23.3	13	43.3	6	20	2	6.7	2	6.7
9.	Presence of sufficient, competent, committed and qualified staff	4	13.3	11	36.7	10	33.3	5	16.7	-	-
10.	Center's capacity to generate internal income and fund raising	10	33.3	11	36.7	5	16.7	2	30	2	6.7
11.	Existence of markets for trainees' products	7	23.3	9	30	11	36.7	1	3.3	2	6.7
12.	The all-round support of CSTC graduates in work areas	7	23.3	14	46.7	5	16.7	2	6.7	2	6.7
13.	Level of trainees follow-up after the completion of training	10	33.3	14	46.7	4	3.3	1	3.3	1	3.3

Como se pode observar na Tabela 4.8, todos os itens indicados foram os problemas dos CSTC respondidos pelos inquiridos da amostra. Com base nas suas respostas, foram atribuídas classificações a cada item em função do número total de inquiridos que responderam a cada pergunta, a fim de identificar os níveis de problemas dos centros de formação.

De acordo com as respostas dos inquiridos, os itens 4, 5, 10, 12 e 13 são os cinco principais problemas que foram respondidos por 33,3%, 40%, 46,7%, 40 e 43,3% do total de 30 inquiridos, respetivamente. Isto implica que a falta de instalações adequadas e convenientes, a falta de apoio por parte de organizações não governamentais e a ausência de coordenação dos programas dos CSTC são os cinco principais factores que afectam os programas de formação de competências ministrados nos CSTC.

Tal como ilustrado na mesma tabela de números de itens (1, 3, 6 e 7), a ausência de máquinas de formação modernas nos centros, a falta de atenção do governo e de apoio adequado aos CSTC e a presença de uma estrutura administrativa inflexível e ineficaz do centro foram os segundos (2nd) quatro principais problemas dos CSTC, que foram respondidos por 23,3%, 36,7%, 43,3% e 36,7% em cada um dos 30 inquiridos, respetivamente.

Como indicado na Tabela 10 dos itens 2, 8,9 e 11, a falta de capacidade do coordenador para gerir e organizar os programas dos CSTC; a existência de mercados para os produtos dos formandos; a presença de pessoal suficiente, competente, empenhado e qualificado e a presença de formadores qualificados e experientes nos centros, e a falta de clareza e transparência da autoridade, deveres e responsabilidades dos organismos envolvidos nos programas dos CSTC foram os terceiros (3º) principais problemas encontrados nos programas dos CSTC, respondidos por 16.7% 36,7% 36,7% e 43,3% do total de 30 inquiridos que fizeram as quatro perguntas.

Por conseguinte, os principais problemas dos CSTC podem ser resumidos como a ausência de máquinas de formação modernas nos centros, a falta de atenção do governo e de apoio adequado aos CSTC e a presença de uma estrutura administrativa inflexível e ineficaz do centro, a falta de capacidade do coordenador para gerir e organizar os programas dos CSTC; a existência de mercados para os produtos dos formandos; Presença de pessoal suficiente, competente, empenhado e qualificado e Presença de formadores qualificados e experientes nos centros, e a falta de clareza e transparência da autoridade, deveres e responsabilidades dos organismos envolvidos nos programas dos CSTC foram os principais problemas encontrados nos programas dos CSTC, que requerem a grande atenção do governo regional, juntamente com os funcionários dos gabinetes de educação regionais e dos woreda, para ultrapassar os problemas encontrados.

4.3.3. Perspectivas do programa de formação de competências não formais na região de Gambella

A sustentabilidade do NFSTP é crucial após o lançamento do programa. Para que seja sustentável, é necessária a cooperação entre a comunidade, o governo, as ONG e outros organismos de apoio e interessados. No que diz respeito ao fornecimento de princípios orientadores, os dados obtidos junto de funcionários da educação, tais como peritos regionais em educação não formal, peritos dos gabinetes de educação de woreda e supervisores, confirmaram que não havia princípios orientadores sobre os CSTC e que não sabiam porque é que o governo regional não dava a devida atenção aos CSTC. Os dados obtidos a partir da discussão do grupo focal com associações /membros/ previamente formados e organizados indicam que a comunidade não conseguia diferenciar as vantagens e desvantagens do programa de formação de competências não formais Assim, os implementadores do programa, tais como supervisores woreda, especialistas em educação não formal do gabinete de educação woreda e membros anteriormente formados foram questionados sobre a perspetiva do programa:

O WEO e os supervisores devem trabalhar com os CSTC, os serviços regionais de educação e outros organismos, tais como a extensão agrícola e sanitária e as ONG, na sensibilização da comunidade.

O governo, as ONG e outros devem ensinar a comunidade a compreender as vantagens dos centros comunitários de formação de competências na redução da pobreza e a sua importância no esquema de geração de rendimentos.

O governo deveria prever um orçamento para a educação não formal em geral e para os CSTC em particular, de modo a que todas as instalações e materiais didácticos necessários fossem disponibilizados. Assim, os formandos estariam interessados e frequentariam o programa independentemente dos factores socioeconómicos. Isto indica que o cumprimento destes e de outros requisitos necessários é vital. Mas, como pode ser observado na opinião dos inquiridos, dificilmente seria possível a sustentabilidade do programa

CAPÍTULO 4

CONCLUSÃO

Para ajudar e coordenar os adultos/jovens a aprender bem, os coordenadores e os especialistas em formação devem estar equipados com competências e conhecimentos adequados no domínio da educação de adultos e da educação não formal e as suas habilitações literárias têm grandes implicações no sucesso dos programas.

O apoio do governo regional em conjunto com as ONG é vital para atingir os objectivos pretendidos do programa, os interesses de trabalho e as aquisições de formação no local de trabalho do pessoal são pontos importantes para a eficácia dos programas de formação de competências.

Algumas das razões que podem diminuir o interesse pelo trabalho e que requerem uma atenção séria incluem a má gestão, a falta de uma estrutura organizacional clara e propícia, a falta de recursos nos centros de formação, a rotatividade repetida, a afetação de recursos humanos insuficientes e não qualificados ao centro.

Os CSTC que oferecem programas de formação não formal de competências encontrados na área de estudo estavam mal estruturados, organizados, geridos e facilitados em termos de recursos humanos e não humanos. Isto implica que a organização e a gestão dos programas de formação profissional não formal oferecidos nos centros de formação profissional não formal e a oferta de formação relevante e adequada, bem como a afetação e utilização de recursos, tendem a ser inadequadas. Como resultado, os centros de formação não estão a utilizar as suas funções para satisfazer os interesses da comunidade local em geral e dos jovens/adultos desempregados em particular.

O principal fator é a falta geral de especialistas com formação profissional a praticamente todos os níveis: trabalhadores de desenvolvimento comunitário, facilitadores e coordenadores de programas, planeadores, criadores de materiais, formadores. Apenas um número muito reduzido de iniciativas não-governamentais de educação de adultos está a funcionar na região (DW international e ANFE Gambella branch), se é que está a funcionar, é apenas em Godere woreda. As redes regionais de ONG funcionam mal e não são sustentáveis; não existem redes nacionais de educação de adultos. Não há integração entre os diferentes sectores no que respeita à execução do PNST na região. Os prestadores de formação, como os CSTC da região, são muito subutilizados, não só devido aos baixos orçamentos e ao material de formação, mas também devido à falta de coordenadores formados que possam conceber programas de formação baseados nas necessidades e orientados para as competências de vida. Os funcionários afectados ou estão longe da profissão, ou não têm formação suficiente ou nem sequer estão no local. As áreas de formação em competências são todas iguais nos centros de Itang e Godere woreda. Mas não há salas de formação e áreas de exposição suficientes, necessárias interna e externamente, no centro de formação de Gambella woreda.

Os materiais de formação, tais como ferramentas manuais, instrumentos de trabalho e matérias-primas são inadequados e insuficientes, e os materiais de aprendizagem são praticamente inexistentes. O programa não está orientado para a procura e não está ligado a esquemas de crédito nem é totalmente detido pela comunidade.

CAPÍTULO 5

REFERÊNCIAS

Adekanmbi, Gbolagade&Modise, Oitshepile (2000). "O estado da educação de adultos e

Educação Contínua no Botswana". O Estado da Educação de Adultos e Contínua

Educação em África. Windhoek: John Meinert Printing

Aekanmbi, G. (1998). "A resposta de proximidade da Universidade do Botswana a

Promovendo Oportunidades de Aprendizagem Flexíveis". Educação e Desenvolvimento de Adultos, n.º 51, pág. 155-177. Bona: IIZ/DW.

Agidew, Redie, et.al (1995). Uma avaliação da literacia e pós-alfabetização

Programas na Região 3. Adis Abeba: IER/AAU.

AlemuSomeno (2008). Avaliação da implementação da educação de adultos e não formal apoiada por ONG. O caso da zona de Hadiya. DISSERTAÇÃO DE MESTRADO. Tese, AAU.

Belle, T. (1986). A Educação Não-Formal na América Latina e nas Caraíbas:

Estabilidade Reforma ou Revolução? Nova Iorque: McGraw.

Bock, J. & Papagiannis, G. (1983). Educação não-formal e educação nacional

Desenvolvimento: A Critical Assessment of Policy, Research and Practice. Novo

York: Praeger.

Boone, E.J. (1985). Developing Programs in Adult Education [Desenvolvendo Programas de Educação de Adultos]. Nova Jersey: Prentice-Hall Inc.

Burckhardt, G. (1999). Centros Comunitários de Formação de Competências - Ideias para novos

Conceito. Adis Abeba: IIZ/DW.

Byars, L. & Rue, W. (1987). Human Resource Management, 2ª edição. Iralin: Homewood.

Caffarella (2002). Planning Programs for Adult Learners: Um Guia Prático para

Callods e Posdethwaite (1995). Condições de ensino e aprendizagem em

Países em desenvolvimento, planeamento da educação: The International Dimension. Novo

York: Gar land Publishing.

Carron, G. & Hill-Carr, R. (1991). Non-formal Education: Information and Planning Issues. Paris: UNESCO.

Coombs, P. & Ahmed, M. (1974). Attacking Rural Poverty: How Non-Formal Education Can Help. Baltimore: The Johns Hopkins University Press.

Cresswell, J.W. (2003): Research Design: Qualitativa, Quantitativa e Mista

Approaches (2ndEd.). Londres: Sage.

DerbessaDufera (2004). Fundamentals of Curriculum Development (Fundamentos do Desenvolvimento Curricular). Addis Ababa: AAU Press.

Duke, C. (1995). Adult and Non-Formal Education (2nd Ed). Oxford, Nova Iorque: Pregmanon Press

Firkre B., et.al (1999). A Study on the Status of Non-Formal Education in Some Regions of Ethiopia (Estudo sobre a situação da educação não formal em algumas regiões da Etiópia): ICDR. Addis Abeba: Ourael Printing Press.

Fluitman, F. (1989). Training for Work in the Informal Sector. Genebra: OIT.

Fordham, P (1980). Conferência da Common Wealth sobre Educação Não-Formal para o Desenvolvimento. Londres: Hobbs the printers of Southamption.

Fordham, P.E. (1993) Informal, Nonformula and Formal Education Programs; in Gajanayakee, S. (1993). Community Empowerment: A Participatory Training Manual on Community Project Development. Deklab: Office of International.

Gboku, M., Lekoko, N. R. (2007). Perspectivas Africanas sobre a Educação de Adultos: Developing Programs for Adult Learners in Africa. Cidade do Cabo: Instituto da UNESCO para a Aprendizagem ao Longo da Vida.

Graham, H.T. (1983). Human Resources Development (Desenvolvimento de Recursos Humanos). Plymouth: Macdonald and Evans Ltd.

GulumaBalcha (2002). "Gestão Organizacional dos CSTCs na Região de Oromia". Tese de Mestrado não publicada: AAU, Faculdade de Educação.

Guruage, D. (1977). General Principles of Management for Educational Planners and Administrators. Paris: UNESCO.

Hildebrand, H. (1994). "Educação de Adultos orientada para o desenvolvimento: Balancing between Impoverishment and Emancipatory Learning Process". Educação de Adultos e Desenvolvimento, Nº 43. Bona: IIZ/DW.

n/DW (2005), Educação e desenvolvimento de adultos: como um workshop

IIZ/DW (2001). Foco na Educação de Adultos e Não-Formal na Etiópia: BOLETIM INFORMATIVO, NO. 9. Addis Abeba: IIZ/DW.

IIZ/DW. (2008). Foco na Educação de Adultos e Não-Formal na Etiópia: BOLETIM INFORMATIVO, NO. 20/21. Addis Abeba

OIT (2008). Desenvolvimento de Competências através da Reabilitação Baseada na Comunidade (RBC).

Genebra: OIT.

OIT (2008). Desenvolvimento de Competências através da Reabilitação Baseada na Comunidade (RBC). Genebra: OIT.

Indabawa, S. &Mpofu, S. (2006). Perspetiva Africana da Aprendizagem de Adultos: O Contexto Social da Educação de Adultos em África. Cidade do Cabo: Instituto de Educação da UNESCO.

KassahunAssefa (1997). Gestão da educação não formal pelas ONG na Etiópia.

Addis Abeba: Alpha Printers.

Knowles (1980). A prática moderna da educação de adultos: From Pedagogy to

Knowles, M.S. (1980). Applying Modem Principles of Adult Learning. São Francisco: Jossey-Bass Publishers.

Knowles, M.S. e outros (1998). The Adult Learners: The Definitive Classic in Adult Education and Human Resource Development. Texas: Gulf Publishing C.

Knox, A.B. (1993). Strengthening Adult and Continuing Education: A Global Perspective on Synergistic Leadership. São Francisco: Jossey-Bass Publishers.

Kothari, C.R. (2004). Quantitative Techniques (3rd.ed.). Nova Deli: Vikas Publishing House Pvt. Ltd.

Lukiya, K., Kennth, O. & Godfrey, M. (2001). Género e Educação de Adultos.MPIGI - Uganda: Instituto Nsamizi para o Desenvolvimento Social.

Maclachlan, L. (1996). Making Project Management Work for You. Londres: Library Association Publishing.

Magnen, A. (1991). Projectos de Educação: Elaboração, Financiamento e Gestão. Paris: UNESCO.

MamoKebede (1996). Formação de mão de obra na educação de adultos e na educação não formal: An International Perspective. Addis Ababa: IIZ/DW Project Office-Ethiopia.

MamoKebede, et.al (1998). Provision of Non-Formal Alternatives for the Expansion of Educational Services (Oferta de alternativas não formais para a expansão dos serviços educativos). Addis Ababa: BerhanenaSelam Printing Press.

McCollum, J. (1962). "Educação para o trabalho: Educação, Formação ou Informação". Adult Education, Vol. XII, No. 1. Pg 42-48. Illinois: Adult Education Association ofUS.A.

Meleko, P. & Betz, R. (1995). Training Manual for Non-formal and Adult Trainers (Manual de Formação para Formadores Não Formais e de Adultos). Lesoto: Centro de Ensino à Distância do Lesoto.

Merriam, Sharan (1977). Adult Education: A Journal of Research and Theory, Vol. 27, No-4. "Perspectivas filosóficas sobre a educação de adultos: A Critical Review of Literature". Nova Iorque: EUA.

MOE (1972). "Revisão do Sector da Educação: Summary Notes on Community Practicum". Addis Abeba: MOE (Não publicado).

MdE (1972). "Revisão do Sector da Educação: Summary Notes on Community Practicum". Addis Ababa: MOE (Não publicado).

Ministério da Educação (2000). Alternative Routes to Basic Primary Education (Rotas alternativas para o ensino primário básico). MOE: Addis Abeba. MdE (2002) Education Statistics Annual Abstract, A.A. MoFED (2003)

MdE (2008). Relatório Nacional da Etiópia sobre Educação de Adultos: "Relatório Nacional sobre o Desenvolvimento e o Estado da Arte da Aprendizagem e Educação de Adultos", Adis Abeba

Mulate D. &Wolday A. (2000). "An Overview of Training Programs and Approaches for the Informal Sector in Sub-Saharan Africa". Easter Africa Social Science Research Review, Vol. XVI, No. 2. Addis Abeba. OSSREA.

Muller, J. (1997). "Literacy and Non-formal Basic Education - Still a Donors' Priority", Adult Education and Development, No. 48, Pg.37-60. Bona: IIZ7DW.

Nanayan, D. (1995). The Contribution of People's Participation: Evidence from 121 Rural Water Supply Projects. Washington D.C.: Banco Mundial.

OESPO (1999). "Estudo sobre a Educação Integral em Oromia: Non-formal Education". Addis Abeba: Gabinete do Projeto de Estudo Económico de Oromia (OESPO), (Não publicado).

Omoruyi, F.E.C. (2004). Evaluating the Effectiveness of National Youth Employment and Vocational Skill Acquisition Program in Mid-Western Nigeria (Avaliação da Eficácia do Programa Nacional de Emprego para Jovens e Aquisição de Competências Profissionais no Centro-Oeste da Nigéria). Adult Education and Development, Vol. 62. Bona: IIZ/DW.

Onyishi, C.J. (2004). "Eradication of Poverty Through Women's Participation in Adult and Non-Formal Education: A Study of Nsukka in Enugu State of Nigeria". Adult Education and Development, NO, 62, Pg. 33-42. Bona: IIZ/DW.

Rogers, A. (1992). Adults Learning for Development (Aprendizagem de Adultos para o Desenvolvimento). Londres: Cassel Educational Ltd.

Samuel Asnake (1998). "Alguns Determinantes da Participação Voluntária dos Adultos Rurais no Planeamento de Programas de Educação Não-Formal: The Case of West Oromiya". Tese de Mestrado não publicada: AAU.

Sessay, B.S. (1997). "NGOs and Rural Development in Sierra Leone. "Adult Education and Development, No. 48, pg.245-254.Bonn: IIZ/DVV.

Sharma, R. A. (2008). Fundamentals of Educational Research (Fundamentos da investigação educacional), Nova Deli: International Publishing House.

Shiundu, J e Omuland, S. J. (1992). Curriculum Theory and Practice in Kenya. Nairobi: Oxford University Press

Sork, T. &Caflfarellas, S. (1989). Handbook of Adult and Continuing Education: Planning Programs for Adults. London: Jossey-Bass Publishers.

TebikewYenet (2009). "A gestão do programa de ensino básico alternativo na região de Amhara". Tese de Mestrado não publicada: A.A.U.

TekesteNegash (1996). Repensar a educação na Etiópia. Uppsala: Nordisk Africa Institution.

TGE (1994). Política de Educação e Formação da Etiópia. AA. EMPDA.

Thompon, J. D,E (2001). Experiências de sucesso na ENF e abordagens alternativas ao ensino básico em África.

TilahunWorkneh (1994). "Formação de educadores de adultos na Etiópia: Retrospective and Prospective". Em Marcus, G. (ed), New Trends in Ethiopian Studies: Papers of the 12th International Conference of Ethiopian Studies, Vol. I, Pg. 239-253. Lawrenceville: The Red Sear Press Inc.

TsegayeTiruneh (2009). "The Relevance, Performance and Problems of CSTCs in West Gojam Administrative Zone of Amhara National Regional State: The Case of Burie and JabitehinanWoredas". Tese de Mestrado não publicada: A.A.U, Faculdade de Educação.

TuijNman, A (1996). An international Encyclopedia of Adult Education and Training 2ndEd. Grã-Bretanha: BPC Wheatons ltd.

UNESCO (2003). Recommitting to Adult Education and Learning, Viewed 30 Vollumann, W. (2001). Literacia e Educação Não-Formal nos Países E-9. Louvor: UNESCO.

WanaLeka (1999). "Experiência de outros países em desenvolvimento e lições a aprender sobre a educação não formal. "Non Formal Education in Ethiopia". Addis Ababa. AAU Printing press.

Banco Mundial (1988). Education in Sub-Saharan Africa: Policies for Adjustment, Revitalization and Expansion. Washington: Banco Mundial

Banco Mundial (1996). Primary Education in India (Ensino Primário na Índia). Washington, DC: Banco Mundial

Banco Mundial (1990). Agricultural Extension: The Next Step. Série Política e Investigação

Zaudneh, Y. (1994). Formação não formal em abandono do ensino secundário para a auto-eficácia

yes
I want morebooks!

Buy your books fast and straightforward online - at one of world's fastest growing online book stores! Environmentally sound due to Print-on-Demand technologies.

Buy your books online at
www.morebooks.shop

Compre os seus livros mais rápido e diretamente na internet, em uma das livrarias on-line com o maior crescimento no mundo! Produção que protege o meio ambiente através das tecnologias de impressão sob demanda.

Compre os seus livros on-line em
www.morebooks.shop

Printed by Books on Demand GmbH, Norderstedt / Germany